康明斯发动机

结构·原理·拆装·诊断·维修

顾惠烽　徐建　编

U0314245

化学工业出版社

·北京·

内 容 简 介

本书首先从不同机型的康明斯发动机结构原理入手，讲解常见机型的系统组成，为发动机的拆装打下基础，方便在讲解实操方法时随时查阅；然后对各型号发动机的使用及维护保养方法进行讲解，以期为发动机的良好运行提供保障；最后分析发动机有可能出现的问题并给出解决方案，确保发动机可以正常工作。

本书能够帮助一线人员解决实际问题，可供康明斯柴油发动机的使用、管理、维修人员阅读，也可供大中专院校和培训机构相关专业的师生参考。

图书在版编目（CIP）数据

康明斯发动机结构·原理·拆装·诊断·维修/顾惠烽，徐建编. —北京：化学工业出版社，2024.1
ISBN 978-7-122-44525-4

Ⅰ.①康… Ⅱ.①顾… ②徐… Ⅲ.①汽车-发动机-基本知识 Ⅳ.①U464

中国国家版本馆 CIP 数据核字（2023）第 230618 号

责任编辑：张燕文 黄 滢　　　　装帧设计：王晓宇
责任校对：杜杏然

出版发行：化学工业出版社
　　　　　（北京市东城区青年湖南街 13 号　邮政编码 100011）
印　　刷：三河市航远印刷有限公司
装　　订：三河市宇新装订厂
787mm×1092mm　1/16　印张 14¾　字数 383 千字
2024 年 1 月北京第 1 版第 1 次印刷

购书咨询：010-64518888　　　　　售后服务：010-64518899
网　　址：http://www.cip.com.cn

前　言

　　康明斯发动机广泛应用于重型卡车、中型卡车、巴士客车、娱乐休闲房车、轻型商用汽车和皮卡车等公路车辆，以及工程机械、矿山设备、农业机械、船舶和铁路等非公路设备。康明斯发动机的可靠性、耐久性和燃油经济性很好，能够满足日益严格的排放要求。

　　康明斯柴油发动机的型号繁多，为了使广大用户和相关从业人员能够对其结构特点与维修保养方法有一个较系统的认识，特编写此书。

　　本书首先从不同机型的康明斯发动机结构原理入手，讲解常见机型的系统组成，为发动机的拆装打下基础，方便在讲解实操方法时随时查阅；然后对各型号发动机的使用及维护保养方法进行讲解，以期为发动机的良好运行提供保障；最后分析发动机有可能出现的问题并给出解决方案，确保发动机可以正常工作。

　　本书以图辅文，力求精练、实用，以解决实际问题为目标，形式上整齐划一，内容一目了然。本书可以帮助一线工作人员解决实际问题，可供柴油发动机的使用、管理、维修人员阅读，也可供大中专院校和培训机构相关专业的师生参考。

　　由于编者水平所限，不足之处在所难免，请广大读者批评指正。

编者

目录

第4章　重庆康明斯 QSK19 柴油发动机

第5章　东风康明斯 B/C 系列柴油发动机

第6章　东风康明斯 L 系列柴油发动机

第7章　东风康明斯 ISL 柴油发动机 /65

第8章　东风康明斯 D6.7 柴油发动机 /76

第9章　东风康明斯 ISZ13 柴油发动机 /91

第 10 章　东风康明斯 ISDe 柴油发动机　　/105

第 11 章　东风康明斯 ISC 柴油发动机　　/118

第 12 章　东风康明斯 ISBe 柴油发动机　　/126

第 13 章　福田康明斯 ISF2. 8 系列柴油发动机　　/132

第 14 章　福田康明斯 ISF3. 8 系列柴油发动机　　/146

第 15 章　康明斯发动机后处理系统（SCR）　　/156

第 16 章　康明斯发动机控制系统

第 17 章　康明斯发动机维修保养

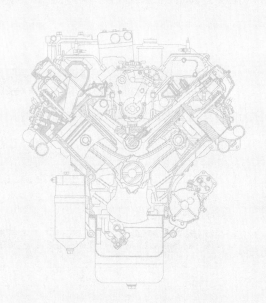

第1章

重庆康明斯K19 柴油发动机

1.1

康明斯 K19 柴油发动机的识别

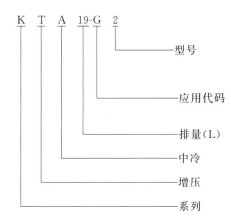

型号

应用代码　A—农业；C—工程机械；D—发电机驱动机；F—消防泵；
G—发电机组；L—内燃机车；M—船机；P—动力单元；
R—轨道车；T—军事作战车

排量（L）

中冷

增压

系列

1.2

康明斯 K19 柴油发动机技术参数

一般技术参数

项　目	参　数
发动机形式	直列六缸,四冲程,直喷式,水冷
进气方式	废气涡轮增压,进气中冷
缸径×冲程	159mm×159mm
发动机排量	19L

项　　目	参　　数
压缩比	(14∶1)～(15.5∶1)
发火顺序	1-5-3-6-2-4
燃油系统	PT 燃油系统
发动机排放	满足欧一或欧二
燃烧室形式	ω 形

气门和喷油器设定

项　　目	参　　数
进气门调整	0.36mm
进气门极限	0.28～0.43mm
排气门调整	0.69mm
排气门极限	0.60～0.76mm
PTD 非顶部限位喷油器行程调整	7.72mm
PTD 非顶部限位喷油器行程极限	7.67～7.77mm
HVT 非顶部限位喷油器行程调整	10.24mm
HVT 非顶部限位喷油器行程极限	10.18～10.29mm
STC 顶部限位喷油器外基圆法调整（在发动机内）	10.0N·m
STC 顶部限位喷油器行程极限（在发动机内的总行程）	10.18～10.29mm

进气系统技术参数

允许的最大进气阻力（额定转速和额定负荷时）：

滤芯干净时为 380mmH_2O❶；

滤芯用脏时为 635mmH_2O。

润滑系统技术参数

① 机油压力（主油道 15W40 机油 107℃时）：

怠速时为 138～483kPa；

额定转速时为 345～517kPa。

② 机油温度最高为 120℃。

冷却系统技术参数

① 冷却液容量（仅发动机）为 30L。

② 标准节温器调节范围为 80～90℃。

③ 冷却液温度：

最低值顶部水箱为 70℃；

最高值顶部水箱为 95℃。

排气系统技术参数

① 背压最大值（额定转速和额定负荷时）为 75mmHg❷。

② 排气管直径：KTTA 为 152mm；KTA 和 KT 为 127mm。

---

❶ 1mmH_2O=9.80665Pa

❷ 1mmHg=133.322Pa。

燃油系统技术参数

① 允许的最大进油阻力（在额定功率时）：

燃油滤清器干净时为 100mmHg；

燃油滤清器用脏时为 200mmHg。

② 允许的回油管最大阻力：

不带单向阀时为 63mmHg；

带单向阀和/或顶置油箱时为 165mmHg。

电气系统技术参数

系统电压	环境温度			
	−18℃		0℃	
	冷启动电流	再次启动电流	冷启动电流	再次启动电流
12V	1800A	640A	1280A	480A
24V	900A	320A	640A	240A

1.3
康明斯 K19 柴油发动机工作原理与特点

1.3.1 柴油发动机的工作原理

工程机械所用发动机均为四冲程柴油发动机，其工作原理简单说明如下。

（1）进气行程

起动机通电带动曲轴旋转，曲轴的转动使活塞自上而下运动，这时排气门关闭，进气门打开，新鲜空气进入气缸和燃烧室（图 1-3-1）。

（2）压缩行程

活塞从下止点向上运动，这时进气门和排气门均关闭，吸入气缸内的空气受到活塞的压缩，压力升高，温度也随之升高（图 1-3-2）。

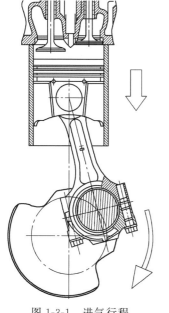

图 1-3-1　进气行程

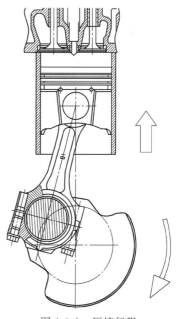

图 1-3-2　压缩行程

（3）做功行程

当活塞压缩到上止点，喷油器向燃烧室喷入雾状柴油，油雾与压缩空气充分混合，形成高温高压的燃气，并开始自行着火燃烧，混合气膨胀做功，推动活塞向下运动，从而推动曲轴转动，输出功率（图 1-3-3）。

（4）排气行程

活塞从下止点向上运动，这时进气门关闭，排气门打开，燃烧废气在活塞的推动下排出燃烧室外，完成一个工作行程，曲轴转动两周（图 1-3-4）。

当柴油发动机完成排气行程后，在曲轴飞轮总成的惯性力作用下，又重复上述工作过程，使柴油机连续运转输出功率。

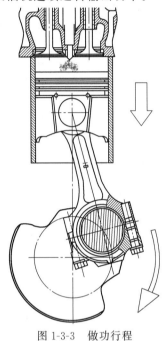 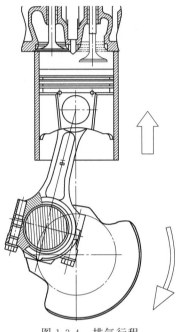

图 1-3-3　做功行程　　　　　　　　图 1-3-4　排气行程

1.3.2　K19 发动机的特点

（1）超强动力

功率为 450～890 马力❶，最大转矩为 2586N·m。

（2）油耗低、经济性好

康明斯 PT 燃油系统，超高喷油压力，保证发动机雾化良好，燃烧充分。高效的 Holset 废气涡轮增压器可保证进气更充分，提高发动机效率，进一步改善燃烧状况，降低发动机比油耗。空空中冷技术保证进气更充分，燃油经济性更好。

（3）结构紧凑、维护方便

缸体和缸盖均采用内置式压力润滑油道，结构紧凑，故障率低。可更换湿式气缸套，散热效果好，更换容易。所有机型零部件通用性强、系列化程度高，维修方便。

（4）设计先进、性能可靠

① 缸体采用高强度合金铸铁制造，刚性好、振动小、噪声低。

② 每缸四气门设计，优化空气与燃油混合比，有效改善燃烧和排放状况；每缸一盖，

---

❶　1 马力＝0.735kW。

维修方便。

③ 单凸轮轴设计，可精确控制气门和喷油正时，优化的凸轮型线可减小冲击力，提高可靠性和耐久性。

④ 高强度锻钢制造的整体式曲轴，圆角及轴颈的感应淬火工艺可保证曲轴疲劳强度更高。

⑤ 活塞采用最新铝合金铸造技术，ω形头部和桶形裙部设计能补偿热胀冷缩，确保良好配合。

⑥ 燃油系统燃油泵输出燃油的压力最大不超过 2100kPa，只有一般高压油管燃油系统燃油泵输出压力的 1/8～1/10。低压输油，不仅没有高压油管的故障源，而且解决了二次喷油问题，工作稳定，提高了发动机的可靠性。喷油压力范围高达 70～140MPa，能保证良好的雾化，可使燃油更趋于完全燃烧。即使少量空气进入燃油系统，也不会使发动机像高压油管燃油系统发动机那样立即失速。性能标定方便，适应性好。有 80% 左右的燃油用于冷却喷油器后回到油箱，喷油器能得到很好的冷却。通用性好，相同的基础泵和喷油器进行一些调整就可以用于不同型号的发动机。

1.4
康明斯 K19 柴油发动机冷却系统

喷入柴油机燃烧室的柴油，燃烧后产生大量的热。产生的热量 1/3 做功，1/3 排入大气，1/3 通过冷却系统散失。采用压力强制循环冷却。K19 发动机冷却系统由水箱（散热器）、水泵、机油冷却器、节温器、水滤器等组成（图 1-4-1）。

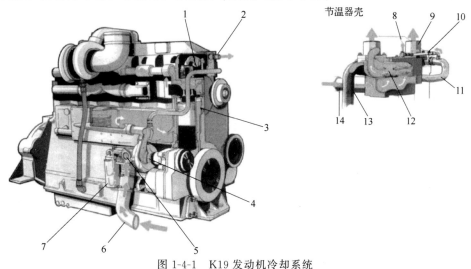

图 1-4-1　K19 发动机冷却系统

1—冷却液至中冷器；2—中冷器冷却液出口；3—缸套；4—水泵；5—冷却液旁通；6—从散热器来的冷却液；7—水滤器；8—至散热器通气孔；9—冷却液至散热器（外循环）；10—自中冷器的通气管；11—中冷器冷却液出口管；12—节温器；13—冷却液旁通（内循环）；14—冷却液歧管

① 水箱：由上水室、下水室、散热片、进水管、出水管、溢流管、水箱盖组成，其作用是储存冷却液，散发冷却液的热量，减少冷却液中的气泡。

② 水泵：由带轮、轴承、油封、水封、叶轮等组成，其作用是将散热器里的冷却液压入机体内，冷却发动机。

③ 机油冷却器：有管束式和片状式，起冷却机油的作用。机油冷却器出现故障表现为

油水混合。

④ 节温器：作用是调节发动机的水温。开启温度为 82～93℃，调节后的水温为 74～91℃，短期可达 93℃。如不装节温器，发动机低温，燃烧不好形成积炭，柴油漏入油底壳，稀释机油。节温器无法打开，发动机高温，形成积垢堵塞水道。

⑤ 水滤器：作用是过滤冷却液中的杂质，同时把水滤器中的 DCA（干式化学添加剂）带入冷却液中。

1.5
康明斯 K19 柴油发动机润滑系统

（1）机油的作用

① 润滑作用：保证各摩擦部分有充分的油膜，保证完全的流体润滑。把金属的摩擦变为液体摩擦，最大限度地减小摩擦力，降低功率损失，减少发动机的磨损，并防止拉缸和烧瓦。

② 冷却作用：内燃机燃烧产生大量热，大部分由排气、冷却液等带走，油的循环也会带走 6%～14% 的热量。

③ 清洗作用：内燃机在运转中产生大量的沉积物等，通过润滑油把它们从零件表面清洗下来，由滤清器滤掉。

④ 减振作用：当发动机燃烧或汽车在颠簸的路面上行驶时，使局部压力急剧增大。润滑油将这种局部的高压分散给全部液体膜承担，同时也把固体的点接触转换为液体的面接触，起到了分散应力的作用。

⑤ 密封作用：润滑油具有一定的黏度，对运动件起密封作用，特别是对气缸活塞组，润滑油的密封作用是很重要的。

⑥ 防锈作用：油膜遍布在发动机各部分，把空气和水隔开，起防锈作用。

（2）润滑系统的结构组成

K19 发动机润滑系统由油底壳、油底滤网、吸油管、机油泵、主油道、副油道、粗滤器、细滤器、调压阀以及缸盖、齿轮室和摇臂室上的油道等构成（图 1-5-1）。

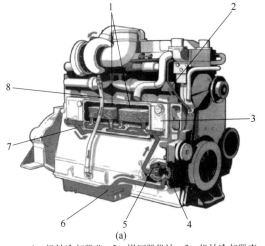
(a)

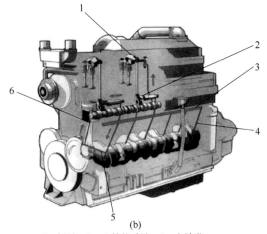
(b)

1—机油冷却器芯；2—增压器供油；3—机油冷却器壳；
4—机油泵；5—机油泵调节器；6—吸油管；
7—机油至滤清器座；8—增压器回油

1—摇臂；2—凸轮从动臂；3—主油道；
4—供油至主轴承；5—供油至连杆轴承；
6—供油至活塞销衬套

前端　　　　　　　滤清器座　　　　　　　滤清器座

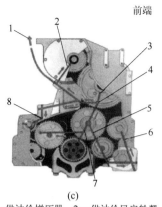 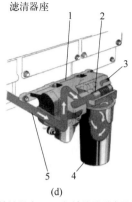 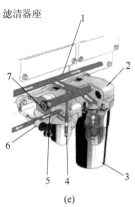

(c)　　　　　　　　　(d)　　　　　　　　　(e)

1—供油给增压器；2—供油给风扇轮毂；
3—供油给凸轮衬套；4—主油道；
5—供油给惰轮和液压泵驱动；
6—供油给空压机和燃油泵驱动；
7—供油给主轴承和惰轮；
8—供油给水泵和水泵支承体

1—机油滤清器座；2—机油滤清器旁通阀；
3—未过滤的机油；4—全流式滤清器；
5—到滤清器座的机油

1—主油道；2—机油滤清器座；
3—全流式滤清器；4—活塞冷却控制阀；
5—活塞冷却油道；6—活塞冷却喷嘴；
7—过滤后的机油

图 1-5-1　K19 发动机润滑系统

润滑系统容量：低位油面为 32L；高位油面为 38L。

机油正常工作压力：怠速工况为 20psi❶，额定工况为 45～75psi。

机油正常工作温度：82～107℃，极限温度为 121℃。

1.6

康明斯 K19 柴油发动机进、排气系统

K19 发动机进、排气系统由空滤器、进气阻力指示器、增压器、进气跨越管、进气歧管、中冷器、排气管、缸盖以及消声器等组成（图 1-6-1）。

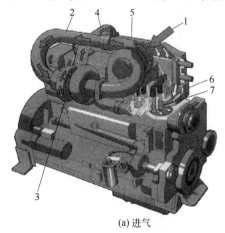 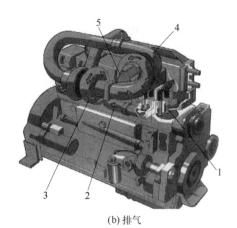

(a) 进气　　　　　　　　　　　　(b) 排气

1——一级增压器空气进口；2——一级增压后的空气进入二级
增压器；3——二级增压器；4——二级增压后的空气进入中冷器；
5—中冷器；6—进气歧管；7—进气门

1—排气门；2—排气歧管；3—二级增压器；
4—一级增压器；5—增压器废气排出

图 1-6-1　K19 发动机进、排气系统

---

❶　1psi＝6894.76Pa。

（1）空滤器

一般为干式，其作用是保证清洁的空气进入燃烧室，减少发动机的磨损，延长其使用寿命。空滤器使用不当或失效或不装，会使缸套、活塞、活塞环磨损加剧。

（2）增压器

其作用是迫使更多空气进入气缸，使发动机发出更大功率（图1-6-2）。

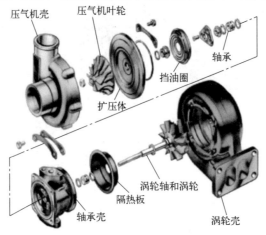

图 1-6-2　增压器分解图

1.7
康明斯 K19 柴油发动机燃油系统

K19 发动机燃油系统由油箱、燃油滤清器、PT 燃油泵、低压输油管、喷油器、摇臂、推杆、喷油凸轮和回油管等组成（图1-7-1）。

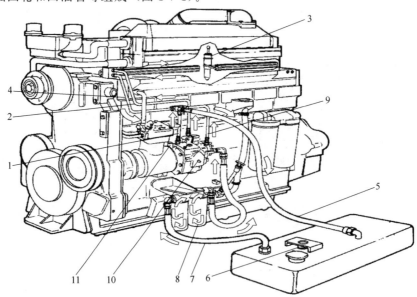

图 1-7-1　K19 发动机燃油系统

1—AFC（空气燃油控制器）腔体回油管；2—燃油泵出油管；3—喷油器；4—燃油回油管；5—流回油箱的燃油油管；
6—油箱呼吸口；7—输油管；8—燃油滤清器；9—齿轮泵冷却油出口；10—PT 燃油泵；11—转速表驱动装置

（1）PT 燃油泵

PT 燃油泵（图 1-7-2、图 1-7-3）包括齿轮泵、磁性滤清器、减振器、调速器、节流轴、电磁阀等。PT 燃油泵将燃油从油箱中吸起，经滤清器、调速器等送到喷油器，根据 PT 系统的设计，PT 泵供给喷油器的燃油将有 80％ 左右在工作中经喷油器又回到油箱，主要起冷却和润滑喷油器，并防止寒冷天气时燃油冻结及将 PT 系统里的空气带回油箱排掉的作用。

① 齿轮泵　由齿轮泵壳体（两部分组成）、主动齿轮（长轴）、从动小齿轮、衬垫等组成。

图 1-7-2　PT 燃油泵的外观

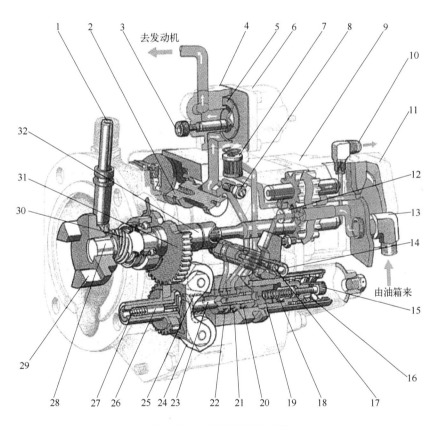

图 1-7-3　PT 燃油泵的结构

1—转速表轴；2—AFC 堵塞；3—停车阀轴；4—停车阀体；5—阀片；6—电磁阀；7—滤网；8—无空气堵塞；9—齿轮泵；10—齿轮泵止回阀；11—减振器；12—压力调节阀；13—进油接头；14—节流轴；15—怠速调整螺钉；16—调速弹簧；17—油量调节螺钉；18—怠速弹簧；19—怠速柱塞；20—调速器燃油进油通道；21—调速器主出油通道；22—调速器怠速出油通道；23—调速器柱塞；24—飞块支架总成；25—扭矩弹簧；26—飞块辅助柱塞；27—飞块辅助弹簧；28—燃油泵驱动轴；29—接合器；30—转速表驱动齿轮；31—燃油泵驱动齿轮；32—接合套

当发动机驱动燃油泵时，齿轮泵随之转动，其转速与发动机转速一样。旋转的齿轮在吸油端产生真空，从油箱内通过燃油滤清器把油吸起后将油压入高压腔。齿轮泵的泵油特性是压力随转速的升高而升高。

直列发动机中的齿轮泵一般是右旋，V型发动机中的齿轮泵一般是左旋，这是由其传动系布置及排列不同造成的。康明斯公司生产的齿轮泵在泵体上有左、右旋标记（图1-7-4）。

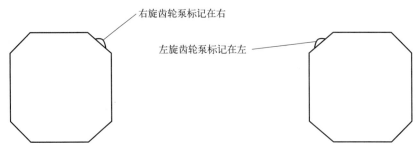

右旋齿轮泵标记在右

左旋齿轮泵标记在左

图 1-7-4　齿轮泵旋转标记

② 磁性滤清器　在压力作用下，燃油流入一个小的磁性滤清器内。它一般位于油泵的顶端（有些位于底部）。PT系统有两个滤清装置，磁性滤清器主要滤除齿轮泵出油中的金属磨屑。该滤清器应遵守维修手册中的要求，经常用压缩空气进行吹洗，滤网在安装时应注意方向，有孔的一端朝向泵体内部。油从滤网流出经油道流至调速器室。

③ 减振器　根据齿轮泵工作特性，它所提供的燃油有较大的压力脉动，会造成PT泵供油压力的波动。燃油压力波动太大将影响发动机正常工作。当发动机在某工况时，由于供油压力的波动，各喷油器喷油量不一样，结果是发动机各缸工作均匀性差，工作不平稳。

为防止这种现象，可加装一个脉冲膜片减振器，并通过一个小孔与齿轮泵高压腔连通。当一个较高的压力波作用在金属膜片上时，膜片压缩其背后的空气，部分压力波能量被吸收，压力波峰值降低；一个较小的压力波作用在膜片上时，膜片背后的空气将其推出，提供了部分能量，压力波峰值上升，从而使供油压力较为平稳（图1-7-5）。

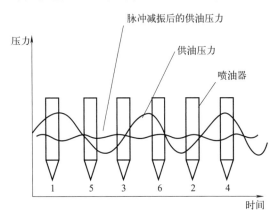

脉冲减振后的供油压力

供油压力

喷油器

压力

1　5　3　6　2　4

时间

图 1-7-5　燃油压力波动

④ 节流轴　来自调速器的燃油都要通过节流轴（旋转油门轴），受节流轴的控制，然后再向喷油器供油。节流轴有两种结构：老式节流轴由柱塞和垫片组成，通过增减垫片来改变柱塞内油道的大小，以调整供油压力（图1-7-6）；新式节流轴则通过调节螺钉来控制油道的大小（图1-7-7）。目前普遍采用新式节流轴，凡经过试验台架调好的节流轴，均用一个小钢球封死，不允许随意变动。

⑤ 电磁阀　PT燃油泵上的电磁阀也称停车阀，一般使用两类电磁阀，一类是标准电磁阀，一类是快速启动电磁阀。标准电磁阀由线圈、阀体、回位弹簧、阀片、手动调整螺钉等组成。通电时，电磁阀的阀片被电磁力吸引，油路打开；断电时，阀片在回位弹簧的作用下，将油路关闭，停止供油，发动机停车。当电磁阀失灵时，可用手动调整螺钉将阀片顶开，接通油路；停车时，将调整螺钉退出，关闭油路。这是应急措施（图1-7-8）。

当汽车下坡时，不得将电磁阀关闭，否则汽车拖动发动机继续旋转，油泵还在工作，由

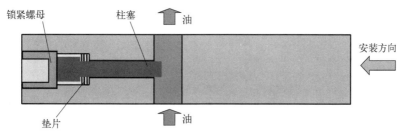

图 1-7-6　老式节流轴

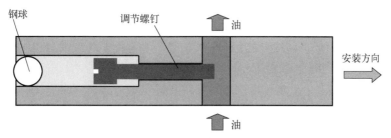

图 1-7-7　新式节流轴

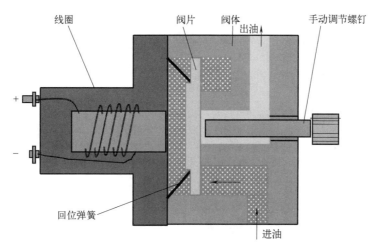

图 1-7-8　电磁阀（停车阀）的工作原理

于电磁阀已关闭，造成阀片背面有一定的油压，下坡后再启动时电磁力无法克服这个阻力，使发动机无法启动。若遇到这种情况，可用调整螺钉顶开阀片后退回正常工作位置。

标准电磁阀在发动机紧急停车时，因发动机惯性，油泵还会继续工作一段时间，造成一定油压顶住阀片，在压力没有下降时，标准电磁阀无法克服其阻力打开。快速启动电磁阀在标准电磁阀的基础上作了一些改进，增加了一个带孔的阀片，从而使其两边的压差不致太大，快速启动发动机就比较容易了。

⑥ 调速器　两极调速器可控制发动机的怠速和最高转速，对于稳定中间工况的速度无能为力，而 VS 调速器可以维持某一转速下发动机的平稳运转。当发动机在某一中间工况稳定运转时，若负荷突然增加，转速下降，飞块离心力减小，柱塞左移，VS 调速器的油孔开度增大，燃油压力随之增大，发动机循环供油量增加，使发动机转速升高，回到原来的稳定转速。其调速原理与两极调速器是一样的，不同之处在于 VS 调速器的拐点随弹簧力的变化而变化。VS 调速器可以保持发动机从怠速到额定转速的任一转速上稳定运转。（图 1-7-9）。

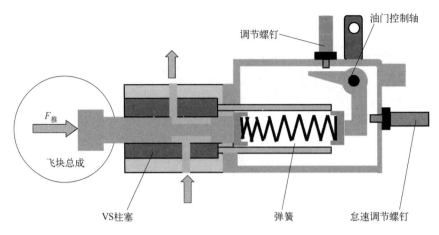

图 1-7-9　VS 调速器的工作原理

（2）燃油滤清器

燃油滤清器（图 1-7-10）的功能是将进入油泵以前的燃油中的杂质滤除。滤清器在工作时会因杂质堆积而形成阻力，从而降低发动机的功率，滤清器的阻力不能超过规定值，要根据保养和维修手册中的规定进行更换。

注意，更换滤芯和给油箱加油时，不要让脏物进入燃油系统；必须定期清洗油箱；不要使用低质量、非康明斯滤芯，否则有可能造成燃油泵的严重早期磨损。

（3）油箱

如图 1-7-11 所示，对油箱的要求如下。

图 1-7-10　燃油滤清器

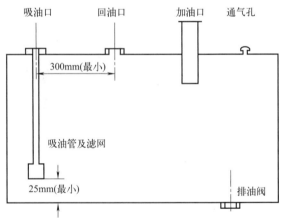

图 1-7-11　油箱

① 加油口：用来加注燃油，最多允许灌进油箱 95％ 容积的燃油，留下 5％ 的空间供从发动机流回的热油的膨胀用。

② 吸油口和吸油管：为了防止沉积物被吸起，吸油口应离底部最少 25mm；为了保证燃油系统供油充足，吸油管内径至少为 13mm，如果发动机功率超过 700 马力，吸油管内径至少为 22mm。

③ 通气孔：在发动机工作、灌油、燃油蒸发过程中，需要有一个通气孔保证油箱通气，一般情况下通气孔的直径在 3～6mm。

④ 排油阀：康明斯建议在油箱的最低点使用排油阀，这样每天可以把少量的废油、水、

杂质排出，提高燃油的清洁度。否则，很容易出现滤清器故障。

油箱的安装位置应低于喷油器且与 PT 泵的高度相同，这样有利于回油。如油箱太低，虽然回油顺利，但吸油困难。

（4）回油管

康明斯 PT 燃油系统有 80％的燃油回流到油箱，这样就需要一个回油管，以便将喷油器不用的油液排回到油箱内。设计时应使回油管回流阻力尽可能小，因为在它里面所发生的任何节流现象都会导致发动机性能变差。

（5）喷油器

喷油器的工作原理如图 1-7-12 所示。

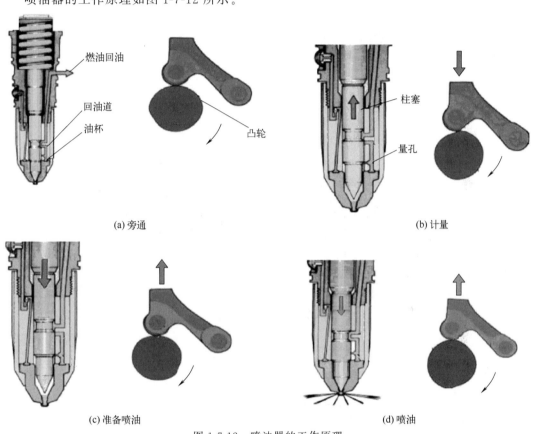

(a) 旁通　　　　　　　　　　　　　　　　　　　(b) 计量

(c) 准备喷油　　　　　　　　　　　　　　　　　(d) 喷油

图 1-7-12　喷油器的工作原理

① 旁通阶段　喷油器处于停止供油状态，柱塞被压在最低位置，柱塞中部细的部位把喷油器内部的进、回油道连通。这时燃油对喷油器进行冷却，并排除油道中的气体，发动机在做功和排气行程中喷油器柱塞一直处于这一状态。

② 计量阶段　当凸轮继续旋转到进气行程后不久，由于凸轮型线的变化，柱塞在弹簧的作用下上升，将进、回油道切断，燃油旁通结束，量孔开始计量，燃油流至喷油器的油杯，此时由于油压低，喷孔直径小（≈0.17mm）而不会漏油。喷孔有 8 个或 10 个，根据机型的不同而定。当柱塞上升到最高位置后，凸轮型线保持平稳，柱塞处在最高位置，此时发动机进气结束。在压缩行程中，在凸轮型线的作用下，柱塞缓慢下行，直至接近封闭量孔，计量结束。

③ 准备喷油阶段　计量结束后，柱塞下行到一定位置，下部的油杯及油道就产生了一定的压力，使止回球阀落到球座上，关闭了进油道，柱塞继续下行，把油道与油杯分开，由

于发动机转速高、计量时间短，其油杯不会被燃油充满，这个阶段只是压缩和部分地排除油杯中的气体，为喷油做准备。

④ 喷油阶段 在发动机压缩行程接近终了时，凸轮型线又有突然的变化，使柱塞快速下行，把油杯里的燃油以高压喷入气缸内，在喷油的同时，柱塞中部细的部位又使进、回油道连通，燃油又开始旁通，柱塞最后落到油杯上，喷油结束。

（6）空气燃油控制器（AFC）

AFC 主要由气室、活塞组（活塞、膜片和控制柱塞）、弹簧、控制柱塞套筒、无空气调节针阀、无空气节流油孔和油道等组成。AFC 位于节流轴与电磁阀之间的油道上，从节流轴来的燃油要通过 AFC 后才到达电磁阀，它就像一个燃油压力、流量限制器。必须强调一点，AFC 仅在发动机加速时起作用，保证发动机在加速时得到合适的空燃比，不冒黑烟。

① AFC 无空气位置（图 1-7-13） 发动机启动和怠速运转时，来自进气歧管的空气压力很低，较硬的弹簧不能被压缩，控制柱塞靠近盖板的一端，油道被柱塞台肩堵塞，燃油只能从针阀与节流孔之间的环形通道流向电磁阀，拧动无空气调节针阀，就可以改变环形通道的大小，从而控制该工况下的燃油流量与压力。

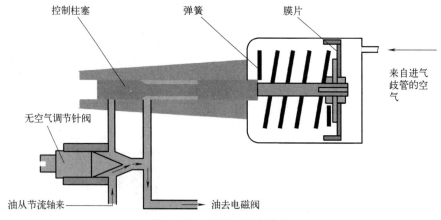

图 1-7-13　AFC 无空气位置

② AFC 控制柱塞的开启位置（图 1-7-14） 随着增压器转速增加，进气歧管的压力也在增加，这时气室的高压气体将作用于膜片上，克服弹簧力使柱塞移向远离盖板的一端。随着柱塞的移动，柱塞上的锥面使其油道逐步打开，燃油经该通道进入电磁阀，这样从节流轴来的燃油可由两个油道（无空气调节针阀及柱塞锥面）进入电磁阀。

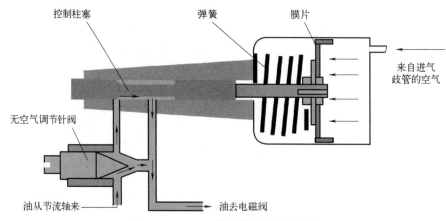

图 1-7-14　AFC 控制柱塞的开启位置

无空气调节针阀调整好后，其油道的大小是不变的，变化的只是柱塞锥面处的油道大小，因为气室的进口是用一根管子与发动机进气歧管相连的，即气室里的空气压力与进气歧管内的压力是相等的，随着空气压力继续增加，油道也打开更大，直到通过此处的燃油节流损失最小，气室里空气压力使柱塞保持在最大油量位置（即节流轴全开，全负荷时）。

1.8
康明斯 K19 柴油发动机电气系统

（1）电源系统

电源系统主要包括蓄电池和充电机。

（2）启动系统

启动系统主要包括点火开关、继电器和起动机（图 1-8-1）。

（3）转速传感器

转速传感器装在发动机飞轮壳上，从飞轮齿圈上感应发动机转速信号，并输送到调速板上。转速传感器线圈电阻约为 300Ω。

转速传感器安装如图 1-8-2 所示。传感器与齿顶间隙为 0.71～1.07mm，传感器旋入顶到齿顶后退回 1/2～3/4 圈。

图 1-8-1　起动机

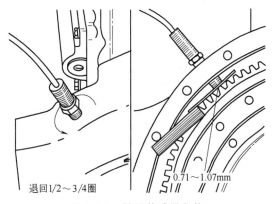

退回1/2～3/4圈　　0.71～1.07mm

图 1-8-2　转速传感器安装

（4）执行器

执行器装在 PT 燃油泵的 EFC（电子燃油控制阀）空腔中，控制进入喷嘴的燃油量，对发动机转速和功率进行控制。执行器按电压分有 12V 或 24V 直流两种；按形式分有常开和常闭两种；按流量分有低、高、特高三种（图 1-8-3）。

（5）报警、保护系统

报警、保护系统由高水温报警开关、低油压报警开关和超速报警开关组成：高水温报警开关 3056353，报警值为（104±6)℃；低油压报警开关 3419044，报警值为 83kPa；超速报警开关 3036453，报警值为 1725r/min。

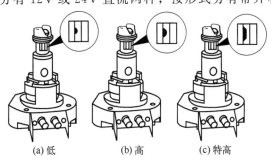

(a) 低　　　(b) 高　　　(c) 特高

图 1-8-3　执行器

第2章

重庆康明斯M11柴油发动机

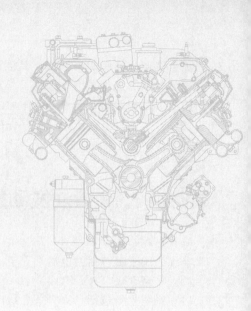

2.1
康明斯 M11 柴油发动机技术参数

一般技术参数

项　　目	参　　数
发动机形式	直列六缸,四冲程,直喷式,水冷
进气方式	废气涡轮增压,进气中冷
缸径×冲程	125mm×147mm
发动机排量	10.8L
压缩比	16:1
发火顺序	1-5-3-6-2-4
燃油系统	PT 燃油系统
发动机排放	满足欧一或欧二
冷却系统容积	12.9L(水空中冷),9.7L(空空中冷)
润滑系统容积	33～39L

燃油系统技术参数

① 允许的最大燃油进油阻力:

燃油滤清器干净时为 102mmHg;

燃油滤清器用脏时为 204mmHg。

② 允许的最大燃油回油阻力:

无单向阀时为 63mmHg;

有单向阀时为 165mmHg。

③ 最高的燃油泵出油温度为 71℃。

润滑系统技术参数

① 机油压力:

低怠速时（最小允许值）为 70kPa；

在 1200r/min 或最大转矩时（最小允许值）为 207kPa；

正常运行的范围为 207～276kPa。

② 机油节温器：

开始开启的温度为 106～108℃；

全开温度为 115℃。

冷却系统技术参数

① 标准调温器调节温度范围为 82～93℃。

② 缸体冷却液压力（去掉水箱压力盖）：

最小值（调温器关闭时）为 138kPa（1800r/min，无负荷）；

最大值（调温器关闭时）为 275kPa。

③ 允许的冷却液最高工作温度为 100℃。

④ 推荐的冷却液最低工作温度为 71℃。

⑤ 发动机冷却液最高报警温度为 102℃。

⑥ 允许的最长出气时间为 35min。

⑦ 推荐的压力盖最低压力为 48kPa。

进气系统技术参数

① 环境空气与发动机进气之间的最大温升（环境温度在 0℃ 以上）为 17℃。

② 最大空气进气阻力：

空气滤清器滤芯干净时为 $254mmH_2O$[1]；

空气滤清器滤芯用脏时为 $635mmH_2O$。

排气系统技术参数

① 排气管和消声器（组合）的排气背压为 76mmHg[2]。

② 排气管的内径为 102mm。

2.2
康明斯 M11 柴油发动机结构与特点

（1）缸体与缸套

缸体的设计具有康明斯独特的设计风格，采用高强度合金铸铁铸造，为龙门式结构，裙部内外侧分布有纵横交叉的加强筋，以增强刚度，降低振动应力和噪声。凸轮轴轴孔为顶置式，以缩短配气和喷油传动链长度，提高刚度，并使整体外形显得紧凑、美观（图 2-2-1）。缸套为湿式，并采用中置定位，减少颤振，防止穴蚀。

缸体侧面铸有一内凹槽，与一外盖板结合形成了缸体的分水管和缸盖回水的集水管，冷却水由缸体进入缸盖循环水道后又返回集水管，由集水管流出，这种设计消除了缸盖上的出水管，使整体结构紧凑。缸体内侧设有蓄油槽，以降低发动机工作时机油盘（油底壳）内的液面高度，减少曲轴对机油的搅动功。

（2）缸盖与配气机构

采用六缸一盖的整体式缸盖，每缸四气门，喷油嘴垂直布置在气缸中心，进、排气道位

---

[1] $1mmH_2O=9.80665Pa$。

[2] $1mmHg=133.322Pa$。

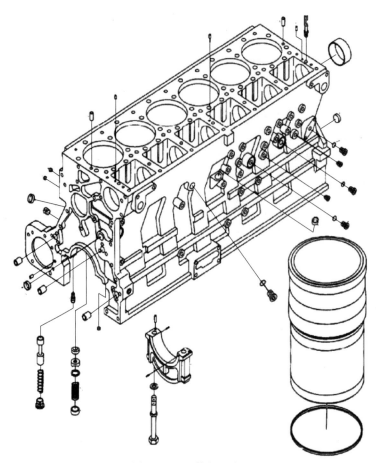

图 2-2-1　缸体与缸套

于发动机同侧，以压缩发动机高度，进气口位于缸盖顶面，与摇臂室外侧面内凹槽组成外进气道。采用变螺距弹簧，无导管丁字压板，重量轻、制造成本低。摇臂的摩擦部位全部镶装耐磨合金镶块，以提高耐磨性。喷油嘴孔可兼容安装 PT 泵喷嘴和电控泵喷嘴，采用大直径凸轮轴、高刚度喷油挺杆和高喷油压力，提高了燃油经济性和排放性能（图 2-2-2）。

（3）曲轴

采用有限元软件进行强度分析后设计的曲轴，具有重量轻、结构强度好的优点。采用高强度合金钢整体锻造成形，具有很高的刚度，生产过程全部进行磁粉检测，曲轴主轴颈和连杆轴颈表面及圆角采用高频淬火，增强耐磨性和疲劳强度，以配合该系列机高强化的要求，减少曲轴扭振。曲拐夹角 120°，等宽主轴颈，分布于 1、3、4、6 缸的 8 块平衡块，完全消除主轴颈惯性离心负荷。曲轴前端与后端均为法兰动力输出连接，前端动力输出可达187kW，可适应灵活的应用需要（图 2-2-3）。

（4）连杆

连杆同曲轴一样，在发动机中属于高负荷运动件，因此其设计同样要采用有限元软件进行强度分析，具有重量轻、结构强度好的优点。采用高强度合金钢整体锻造成形，具有很高的刚度，生产过程全部进行磁粉检测。采用短连杆结构，减小整机高度和宽度，并使连杆具有很高的刚度。连杆盖采用平切口，盖与杆身的定位用定位销，定位精确，重复精度高。

（5）活塞组件

采用钢顶铝裙铰接式活塞。钢顶铝裙活塞与全铝活塞相比具有耐高温、耐高压的特点，前者的寿命比后者延长 30%。在发动机标定转速较低的情况下，其惯性力也可得到控制，

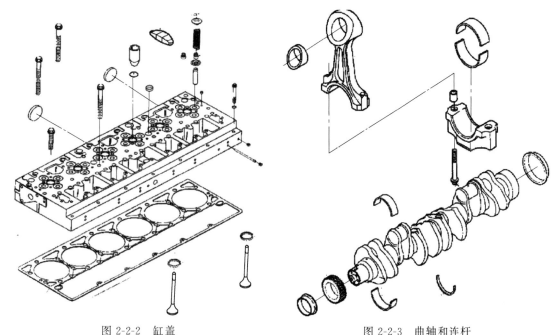

图 2-2-2　缸盖　　　　　　　　　　　图 2-2-3　曲轴和连杆

更能适应高增压、高热强度的要求，且具有更高的可靠性，活塞环岸高度更小，有利于改善排放状况。位于活塞正中的浅 ω 形燃烧室配合高压喷油和涡流进气道，可获得极佳的燃油经济性和排放性能。活塞销为空心结构，可减小活塞惯性力（图 2-2-4）。

活塞环组为两气环一油环结构。第一环为球墨铸铁镀铬桶形环，抗结焦、咬合，润滑性能好；第二环为球墨铸铁镀铬正锥面环，提高刮油性能；油环表面也进行镀铬，增强耐磨性。

（6）增压系统

采用霍尔塞特（Holset）HX55 系列涡轮增压器，其流量范围宽，压缩比高，综合效率高。对车用发动机，可增加机械式废气排气门、电控式四级废气排气门，提高发动机的功率标定范围和发动机变工况特性。

根据不同的使用条件及其对标定功率的要求，可匹配成增压、增压水空中冷、增压空空中冷形式的增压系统。

（7）喷射系统

可采用传统的康明斯独有的 PT 泵喷嘴系统，也可采用康明斯专利的电控式泵喷嘴系统，PT 泵喷嘴系统采用燃油的输油压力来调节和控制喷油量，优点是结构简单，制造成本低，喷油压力高，喷油特性可调节范围宽，可使发动机具有很高的转矩储备。

电控式泵喷嘴可使发动机排放达到欧三标准，并为满足欧四标准提供了技术平台。同时，由于可随发

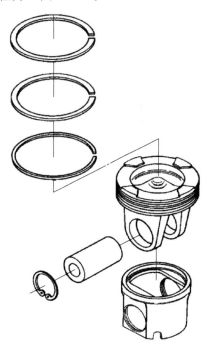

图 2-2-4　活塞组件

动机工况变化对喷油量、喷油提前角进行无级优化调节控制，特别是对发动机的瞬态工况的喷油控制，可使发动机在燃油经济性获得很大提高的同时，提高发动机的标定功率。

2.3
康明斯 M11 柴油发动机燃油系统

M11 发动机 PT 燃油系统（采用分步正时控制）由燃油泵、供油管、回油管、燃油油道及喷油器等组成（图 2-3-1），其特点如下。

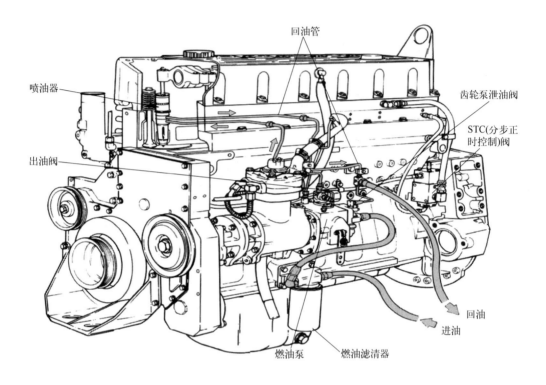

图 2-3-1 M11 发动机 PT 燃油系统

① PT 燃油泵输出的燃油压力最大不超过 300psi❶。
② 所有喷油器共用一根供油管。
③ 即使有空气进入燃油系统，也不会使发动机失速。
④ PT 燃油泵不需正时调整。
⑤ 有 80% 左右的燃油用于冷却喷油器后回到油箱，喷油器得到很好的冷却。
⑥ 喷油压力范围高达 10000~20000psi，保证雾化良好。
⑦ 油管连接处少量漏油对整个发动机输出功率无影响。
⑧ 油量受油泵和油嘴控制。
⑨ 发动机停车时切断燃油的流动。
⑩ 通用性好，相同的基础泵和喷油器进行一些调整就可以用于不同型号的发动机。

❶ 1psi＝6894.76Pa

2.4

康明斯 M11 柴油发动机润滑系统

　　润滑系统的功能是将定量、洁净、有适当黏度的高品质润滑油输送至各必要部位，它对柴油机的工作可靠性和耐久性有很重要的作用：减少零件的磨损和降低摩擦阻力；对润滑表面进行冷却和清洗；对油膜吸附的地方起防锈作用；密封作用；缓冲和吸振；提供液压介质。

　　M11 发动机润滑系统组成如图 2-4-1 所示。机油泵（装有调压阀）通过吸油管（集滤器）将润滑油从机油盘吸入加压，使其流经机油冷却器、机油滤清器后流入主油道、增压器和齿轮室油道。清洁的润滑油通过机体各分油道对曲轴、连杆、活塞、凸轮轴、凸轮随动件、缸盖、摇臂室总成、传动齿轮、增压器及活塞冷却喷嘴进行润滑和冷却（图 2-4-1）。

　　机油泵冷启动状态和正常工作状态如图 2-4-2 所示。机油流向主油道如图 2-4-3 所示，发动机内部机械零件润滑如图 2-4-4 所示。

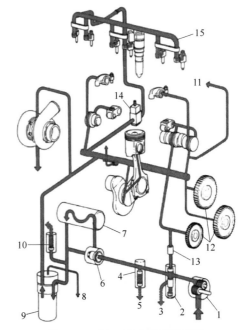

图 2-4-1　M11 发动机润滑系统

1—机油泵；2—调压阀；3,5—机油回到机油盘；4—高压释放阀；6—机油节温器；7—机油冷却器；8—旁通滤清器机油回路；9—组合式机油滤清器；10—滤清器旁通阀；11—至辅助驱动装置/空压机；12—齿轮；13—黏度传感器；14—STC 控制阀；15—STC 机油歧管

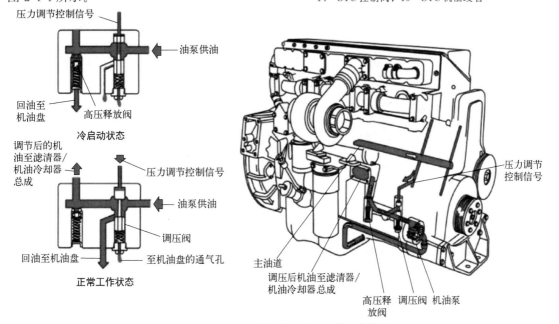

图 2-4-2　机油泵冷启动状态和正常工作状态

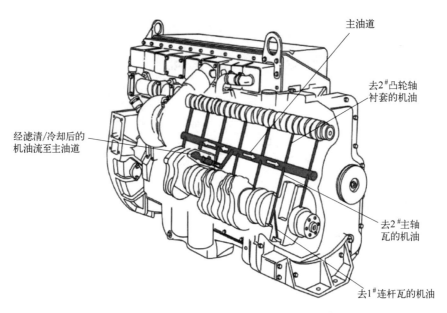

图 2-4-3 机油流向主油道

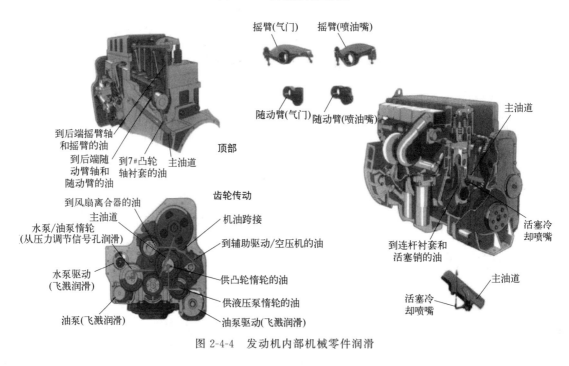

图 2-4-4 发动机内部机械零件润滑

2.5
康明斯 M11 柴油发动机冷却系统

M11 发动机冷却系统由散热器、水泵、节温器、水滤器、中冷器、机油冷却器等构成（图 2-5-1）。

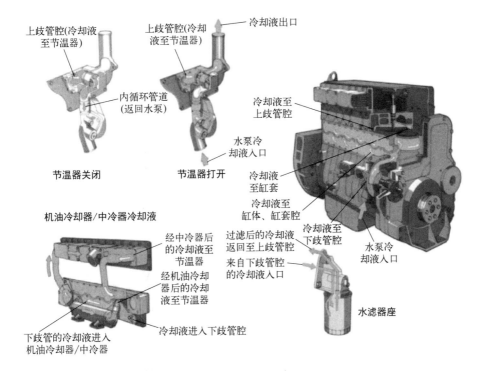

图 2-5-1　M11 发动机冷却系统

由散热器来的冷却水经水泵进水管输入水泵，经水泵加压后输入缸体侧部的下层水室。

小循环：上层水室→节温器→水泵进水口。

大循环：上层水室→节温器→散热器。

2.6
康明斯 M11 柴油发动机进、排气系统

2.6.1　进气系统

M11 发动机进气系统由空滤器、进气阻力指示器、增压器、中冷器、缸盖气道等组成（图 2-6-1）。空气由防尘帽下的进气口进入壳体与空滤器芯构成的外层空间，经滤芯滤除尘土、油蒸气等，进入滤芯的内层空间后再进入进气管。对于重型空滤器，空气将经过内滤芯后再进入进气管。集聚在滤芯外表面的尘土掉入集尘盘内，待排放（图 2-6-2）。

① 空滤器：滤除空气中的杂质，保证进入气缸的空气的清洁度，以延长发动机的使用寿命。

② 进气阻力指示器：分为机械式指示器和真空式指示器。

a. 机械式指示器：用来测量干式空滤器过大的空气阻力。指示器安装在空滤器的出口处。当滤芯被灰尘和油污弄脏时，窗口中的红色标记就逐渐升起。更换或装回滤芯后，按下复位按钮使指示器复原（图 2-6-3）。

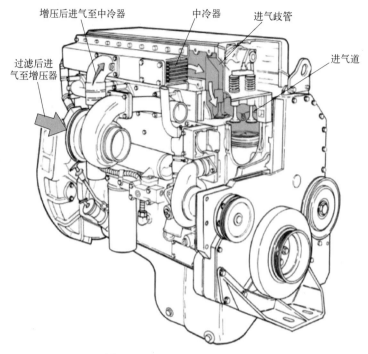

图 2-6-1　M11 发动机进气系统

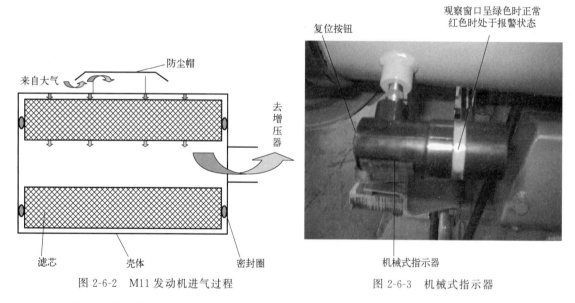

图 2-6-2　M11 发动机进气过程　　　　　　图 2-6-3　机械式指示器

　　b. 真空式指示器：实际上是一个压力开关，当空气阻力过大时开启仪表板上的报警灯。
　　③ 废气涡轮增压器：作用是提高进气压力，增加进气量；优化空气与燃油混合比，改善燃烧条件，提高发动机功率；保证发动机在较高海拔高度使用时的效率。
　　发动机排出高温并有一定压力的气体，经排气管进入增压器废气涡轮壳，温度和压力逐渐降低，流速增加，并以一定方向作用在废气涡轮上，使涡轮高速转动，其转速随排气温度和压力增加而增加，排气带动废气涡轮后从废气涡轮壳排气口排出。由于压气机涡轮与废气涡轮同轴，其转速与废气涡轮同步，高速旋转的压气机叶轮将来自空滤器的空气吸入压气机壳，空气的流速降低，而压力和温度升高，向发动机提供较高压力的进气（图 2-6-4）。

特点及要求：额定工况时废气涡轮壳及涡轮温度可达 500～600℃，叶轮转速可达 $(6～10)×10^4 r/min$；采用半浮动式轴承，压力润滑和冷却，全平衡叶轮和增压器轴。启动后怠速 3～5min 充分润滑，停机前怠速 3～5min 散热；新的或大修过的发动机在启动前，应从增压器的进油口加注 50～60mL 的干净润滑油润滑轴承。

④ 中冷器：用于增压发动机，安装于缸盖进气口。其功能是在发动机启动时，预热进气；在发动机正常工作后，降低增压后的进气温度，增加进气密度，提高进气量；典型工况能在不增加排量的前提下，提高发动机功率 20%。

中冷器由壳体、中冷器芯构成。中冷器芯的管道与发动机冷却系统连接，当发动机运转时，一部分冷却水流经中冷器芯与增压后的空气进行热交换，从而预热进气或降低进气温度。

⑤ 缸盖气道：采用六缸一盖，进、排气口同侧布置，缩短管道长度；进气道带有优化设计的涡流口，尽可能降低阻力。

拧紧缸盖螺栓时必须按要求，按顺序分三次拧紧：第一次 136N·m；第二次 216N·m；第三次转 90°。

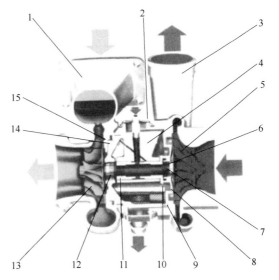

图 2-6-4　增压器工作原理
1—废气涡轮壳；2—V 形箍带；3—压气机壳；4—轴承座；5—压气机叶轮；6—密封环；7—油封套；8—油封压板；9—O 形密封圈；10—轴承垫；11—增压器轴承；12—密封环；13—涡轮；14—隔热垫；15—隔垫板

2.6.2　排气系统

M11 发动机排气系统能通过控制燃烧气体移动使发动机获得良好的性能（图 2-6-5）。

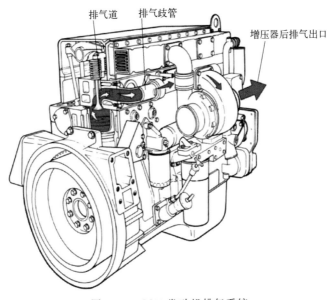

图 2-6-5　M11 发动机排气系统

为了延长发动机寿命，必须考虑以下四点。

① 排气背压必须控制在规定范围内（不超过 10kPa），也就是说，燃烧产生的废气和热量必须能较为通畅地从发动机中排出。

过高的排气背压会导致：发动机功率不足；发动机过热（高水温）；燃油经济性不好；高发动机磨损率（排气回冲，脏物进入滤清器芯）；增压器涡轮轴承早期故障（脏颗粒进入润滑油）。

高排气背压也会造成气缸内的积炭；进而增加活塞环、环槽、活塞顶、喷油器油杯和柱塞上的热量，热量的增加就意味着增加摩擦和磨损。

② 发动机排气噪声必须在进入大气前被降低。

③ 排气管道及其所有附件必须保护气缸和排气系统零件，以免积水引起液力锁死和锈蚀损坏。

④ 管道一定要支撑和定位，不正确的支撑装置容易损坏抱箍和接头；损坏涡轮轴承；使涡轮壳开裂；损坏歧管连接；损坏管子和零件。

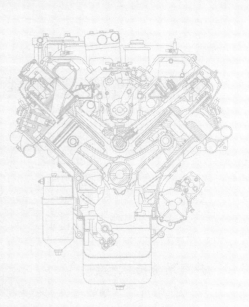

第**3**章
重庆康明斯N系列柴油发动机

3.1
康明斯 N 系列柴油发动机的识别

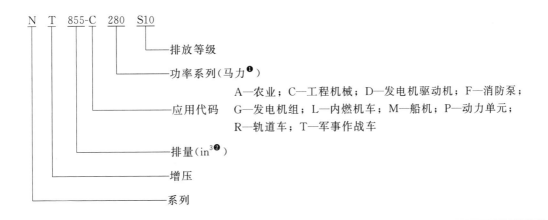

N　T　855-C　280　S10

- 排放等级
- 功率系列(马力❶)
- 应用代码　A—农业；C—工程机械；D—发电机驱动机；F—消防泵；
　　　　　　G—发电机组；L—内燃机车；M—船机；P—动力单元；
　　　　　　R—轨道车；T—军事作战车
- 排量(in³❷)
- 增压
- 系列

3.2
康明斯 N 系列柴油发动机技术参数

　　以 NT855-C310 为例。

一般技术参数

项　目	参　数
发动机形式	直列六缸,四冲程,直喷式,水冷

❶ 1 马力=0.735kW。

❷ 1in³=1.63871×10^{-2}L。

项　目	参　数
进气方式	废气涡轮增压进气中冷
缸径×冲程	140mm×152mm
发动机排量	14L
压缩比	(14∶1)～(15.5∶1)
发火顺序	1-5-3-6-2-4
燃油系统	PT 燃油系统
发动机排放	满足欧一或欧二
燃烧室形式	ω 形

进气系统技术参数

① 带重型空滤器允许的最大进气阻力：

干净滤芯为 3.74kPa；

脏滤芯为 6.23kPa。

② 进气歧管压力（最大功率点）为 140kPa。

③ 进气流量（最大功率点）为 427L/s。

冷却系统技术参数

① 冷却水容量：

仅发动机为 19L；

带散热器（适用环境温度为 38℃）为 60.5L。

② 发动机外部最大冷却水阻力为 35kPa。

③ 标准节温器温度调节范围为 80～90℃。

④ 最大冷却水压力（除压力盖外）为 276kPa。

⑤ 压力盖允许的最小压力为 50kPa。

⑥ 散热器上水室允许的最高温度为 95℃。

⑦ 推荐的散热器上水室的最低温度为 70℃。

⑧ 允许的最小冷却水加水速率为 20L/min。

⑨ 允许的最大冷却水加水时间为 5min。

⑩ 允许的最小冷却水膨胀空间占系统容积的 5%。

⑪ 允许的最大除气时间为 25min。

⑫ 允许的最小冷却水水位降低容积为 7.1L。

润滑系统技术参数

① 机油压力：

低怠速时为 103kPa；

额定转速时为 241～245kPa。

② 额定转速时的机油流量（允许的最高温度）为 151L/min。

③ 允许的最高机油温度为 121℃。

④ 最大机油消耗量为 0.24L/h。

⑤ 机油旁通滤清器容量为 2.6L。

⑥ 机油盘容量：

高位为 26.5L；

低位为 22.7L。

⑦ 系统总容量（除旁通滤清器外）为 40L。

⑧ 标准机油盘的运转倾斜角：仰角 45°；俯角 45°；侧角 45°。

燃油系统技术参数

① 额定功率和转速时的最大燃油消耗量为 54kg/h。

② 额定功率和转速时的最大供油量为 168kg/h。

③ 至 PT 燃油泵允许的最大供油阻力：

滤清器在清洁状态时为 13.33kPa。

滤清器在脏的状态时为 26.66kPa。

④ 允许的最大燃油回油阻力（不带单向阀）为 13.33kPa。

⑤ 允许的最小油箱通气能力（在背压为 8.4kPa 或以下时）为 4225L/h。

⑥ 标准的燃油管道供油压力（最大功率点）为 765kPa。

电气系统技术参数

冷启动电流为 900A；再次启动电流（最小）为 320A。

3.3
康明斯 N 系列柴油发动机特点

① 每缸四气门，闭式水冷系统。

② 使用较高压力的增压器。

③ 整体式锻压曲轴和连杆，使发动机获得了更好的耐久性。

④ 使用 DCA 冷却液添加剂，以提高发动机抗穴蚀能力。

⑤ 大量采用缸体内部油道，使发动机更清洁。

⑥ 采用高品质的空气滤清器，延长发动机使用寿命。

⑦ 独特的 PT 燃油系统：高达 $1000kgf/cm^2$ ❶ 的喷射压力；很低的燃油输送压力，减少燃油管路渗漏；良好的经济性与动力性的结合；优秀的废气排放指标。

⑧ 采用一次性使用的水滤器、燃油滤清器、机油滤清器，使发动机维护更方便、更可靠。

3.4
康明斯 N 系列柴油发动机冷却系统

喷入柴油发动机燃烧室的柴油燃烧后产生大量的热，1/3 做功，1/3 排入大气，1/3 通过冷却系统散失。N 系列发动机冷却系统由水箱、水泵、机油冷却器、节温器、水滤器等组成。

① 水箱：由上水室、下水室、散热片、进水管、出水管、溢流管、水箱盖组成。作用是储存冷却液，散发冷却液的热量，减少冷却液中的气泡。

② 水泵：由轴承、油封、水封、叶轮等组成。作用是将散热器里的冷却液压入机体内，冷却发动机。

③ 机油冷却器：有管束式和片状式，起冷却机油的作用。机油冷却器出现故障表现为

---

❶ $1kgf/cm^2 = 98.0665kPa$。

油水混合。

④节温器：作用是调节发动机的水温。开启温度为82~93℃，调节后的水温为74~91℃，短期可达93℃。如不装节温器，发动机低温，燃烧不好形成积炭，柴油漏入油底壳，稀释机油。节温器无法打开，发动机高温，形成积垢堵塞水道。

⑤水滤器：作用是过滤冷却液中的杂质；把水滤器中的DCA带入冷却液中。

N系列发动机冷却液流向如下（图3-4-1）。

①主水流：进水管→水泵→主水道→水套→缸盖水道→出水管→节温器→散热器（或旁通水管→水泵进水口）。

②机油冷却器：机体水道→机油冷却器→出水管。

③水滤器：机体水道→水滤器→水泵进水口。

④中冷器：机体水道→中冷器→出水管。

⑤空压机：机体水道→空压机→旁通水管→水泵进水口。

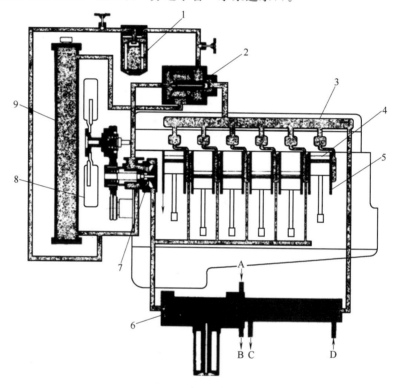

图 3-4-1　N 系列发动机冷却液流向

1—水滤器；2—节温器；3—主水道；4—活塞；5—缸套；6—机油冷却器；7—水泵；8—风扇；9—散热器；
A—从机油泵进油；B—至发动机主油道；C—至底盘液压系统；D—来自底盘液压系统

离心式水泵（装在发动机前部）产生水循环。它是由曲轴通过带传动传递动力的。

3.5
康明斯 N 系列柴油发动机润滑系统

润滑系统将定量、洁净、有适当黏度的润滑油输送至各必要部位，对发动机的工作可靠性和耐久性有很重要的作用，主要包括减少零件的磨损和降低摩擦功，对润滑表面进行冷却和清洗，对油膜吸附的地方起防锈作用，提供液压介质。N系列发动机润滑系统由机油盘、机油泵、机油冷却器、油道、调压阀、全流式机油滤清器、旁通滤清器等构成。

① 机油泵：N系列发动机机油泵安装在PT泵一侧的机体前端，为装有高压旁通阀的单级齿轮泵，机油泵由发动机传动齿轮系带动（图3-5-1）。

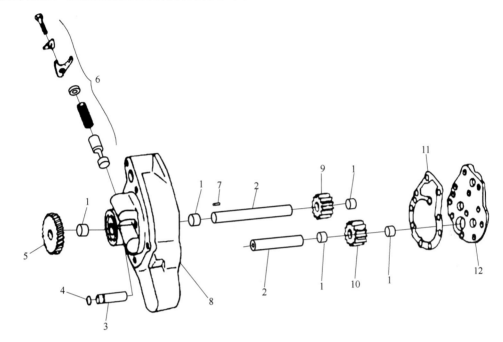

图 3-5-1　机油泵分解图

1—衬套；2—轴；3—机油管；4—O形圈；5—驱动齿轮；6—调压阀；7—定位销；8—泵体；
9—主动齿轮；10—从动齿轮；11—垫片；
12—泵盖

② 机油冷却器：利用发动机冷却液冷却机油，使机油温度保持在正常工作范围内。采用管束式，置于发动机排气管侧，由冷却器芯、壳体、前盖、后盖、O形密封圈等构成（图3-5-2）。在冷却器上装有一节温器，以实现恒油温（100～110℃）。

③ 全流式机油滤清器：作用是除去悬浮在机油中的大的颗粒物，采用旋装罐式。由滤清器座和纸质滤清器芯构成。N系列发动机全流式机油滤清器设置在机油冷却器下部，仅有一个滤芯（图3-5-2）。滤清器座上设有旁通阀（安全阀），其作用是当滤芯阻力过大（超过2.6kgf/cm^2）时开启，以防止因主油道缺油损坏发动机。

N系列发动机润滑系统机油流向如下（图3-5-3）。

① 机油盘→机油泵→机体油道。

② 机油冷却器→机油滤清器→机体油道→增压器。

③ 机油滤清器→主油道与冷却活塞小喷嘴油道。

④ 主油道→主轴承→连杆轴承→活塞销。

⑤ 主油道→凸轮轴→随动臂→摇臂。

⑥ 主轴道→齿轮室及辅助驱动装置油道。

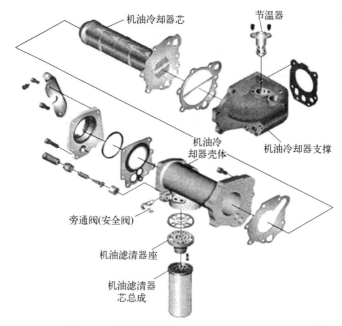

机油冷却器芯

节温器

机油冷却器壳体

机油冷却器支撑

旁通阀(安全阀)

机油滤清器座

机油滤清器芯总成

图 3-5-2　机油冷却器、机油滤清器分解图

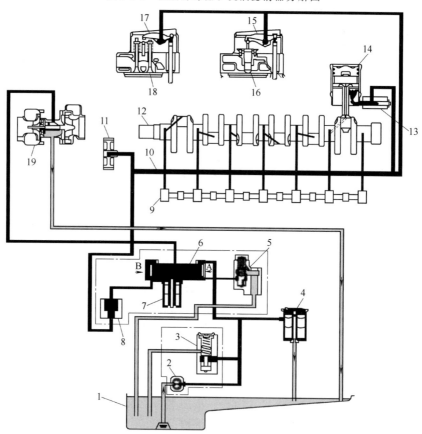

图 3-5-3　N 系列发动机润滑系统机油流向

1—油底壳（机油盘）；2—机油泵；3—旁通阀；4—旁通滤清器；5—调压阀；6—机油冷却器；7—机油滤清器；
8—机油滤清器安全阀；9—凸轮轴；10—主润滑油道；11—齿轮；12—曲轴；13—冷却活塞小喷嘴；14—活塞；
15,17—摇臂；16—喷油嘴；18—气门；19—涡轮增压器

3.6

康明斯 N 系列柴油发动机燃油系统

如图 3-6-1 所示，流入各喷油器的燃油经量孔喷射至气缸燃烧室中。喷射完成后，柱塞停动一段时间，此时一部分燃油（约占 80％）经喷油器循环回油箱，同时冷却喷油器。

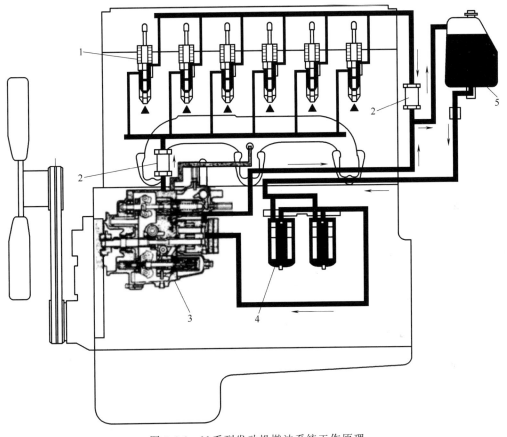

图 3-6-1　N 系列发动机燃油系统工作原理

1—喷油器；2—单向阀；3—燃油泵；4—燃油滤清器；5—油箱

3.7

康明斯 N 系列柴油发动机进、排气系统

3.7.1　进气系统

N 系列发动机进气系统由中冷器、增压器、缸盖气道和进气管路等组成。

（1）中冷器

中冷器使用在增压发动机上，安装在缸盖进气口。其功能是在发动机启动时，预热进气；在发动机正常工作后，降低增压后的进气温度，增加进气密度，提高进气量；典型工况能在不增加排量的前提下，提高发动机功率 30%。

中冷器由壳体、中冷器芯构成。中冷器芯的管道与发动机冷却系统连接，当发动机运转时，一部分冷却水流经中冷器芯与增压后的空气进行热交换，从而预热进气或降低进气温度（图 3-7-1）。

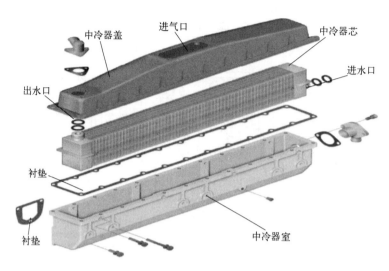

图 3-7-1　中冷器的结构

（2）增压器

废气涡轮增压器能提高进气压力，增加进气量；优化空气与燃油混合比，改善燃烧条件，提高发动机功率；保证发动机在较高海拔高度使用时的效率（图 3-7-2）。

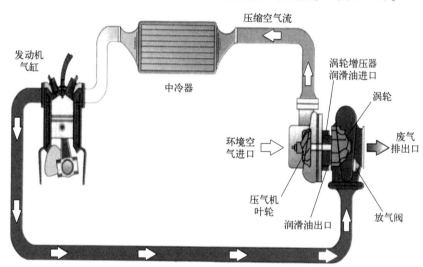

图 3-7-2　进气增压原理

（3）缸盖气道和进气管路

N 系列发动机采用两缸一盖，进、排气口分两侧布置。在最干净、最冷、最干燥的地方安置进气管，将会使滤芯获得最佳的更换周期。进气管位置和进气管路的设计，必须保证进入进气歧管或增压器的进气温度不显著高于规定的环境温度。

3.7.2 排气系统

排气系统能通过控制燃烧气体移动促使发动机获得良好的性能。

为了延长发动机寿命，必须考虑以下四点。

① 排气背压必须控制在规定范围内（不超过10kPa），也就是说，燃烧产生的废气和热量必须能较为通畅地从发动机中排出。

过高的排气背压会导致发动机低功率；发动机过热（高水温）；燃油经济性不好；高发动机磨损率（滤清器芯脏物进入）；增压器涡轮轴承早期故障（脏颗粒进入润滑油）。

高排气背压会造成气缸内的积炭，进而增加活塞环、环槽、活塞顶、喷油器油杯和柱塞上的热量，热量的增加意味着增加摩擦和磨损。

② 发动机排气噪声必须在进入大气前被降低。

③ 排气管道及其所有附件必须保护气缸和排气系统零件，以免积水引起液力锁死和锈蚀损坏。

④ 管道一定要支撑和定位，不正确的支撑装置容易损坏抱箍和接头；损坏涡轮轴承；使涡轮壳开裂；损坏歧管连接；损坏管子和零件。

第**4**章
重庆康明斯QSK19 柴油发动机

4.1
康明斯 QSK19 柴油发动机技术参数

一般技术参数

项　　目	参　　数
发动机形式	直列六缸,四冲程,直喷式,水冷
进气方式	增压中冷
缸径×冲程	159mm×159mm
发动机排量	19L
发动机排放	满足欧三

润滑系统技术参数

① 正常运行机油压力范围为 345～483kPa。

② 发动机附件的最大润滑油流量（不包括后齿轮系）为 19L/min。

③ 最高机油温度为 121℃。

冷却系统技术参数

① 发动机冷却液容量为 38.6L。

② 缸体冷却液压力（最大）为 35psi❶。

③ 压力盖压力（最小）为 7psi。

④ 发动机出口水温：最高 212 ℉❷；最低 160 ℉。

---

❶　1psi＝6894.76Pa。

❷　$t/℃＝\dfrac{5}{9}\ (t/℉－32)$。

4.2
康明斯 QSK19 柴油发动机特点

（1）QSK19 发动机机械结构特点

① 缸体：高强度合金铸铁制造，刚性好、振动小、噪声低。

② 缸盖：每缸四气门设计，优化空气与燃油混合比，有效改善燃烧和排放状况。

③ 凸轮轴：单凸轮轴设计，可精确控制气门和喷油正时，优化的凸轮型线可减小冲击力，提高可靠性和耐久性。

④ 曲轴：高强度锻钢制造的整体式曲轴，圆角及轴颈的感应淬火工艺可保证曲轴疲劳强度更高。

⑤ 活塞：采用最新铝合金铸造技术，ω形头部和桶形裙部设计能补偿热胀冷缩，确保良好配合。

（2）QSK19 发动机系统结构特点

① 润滑系统：所有运动部件均为强制润滑；大容量齿轮泵提供压力润滑油，对轴承进行润滑并冷却活塞；机油冷却器、全流式滤清器、旁通滤清器保证机油维持良好状态。

② 燃油系统：PT 燃油系统，优化燃烧；STC 分步正时系统，保证全工况燃烧更好；低压供油系统，配置燃油单向回路，安全可靠。

③ 冷却系统：采用离心式水泵强制水冷，大流量水道设计，冷却效果好；旋装式水滤器及专用 DCA 添加剂，可有效去除杂质并防止锈蚀。

④ 进、排气系统：高效的 Holset 废气涡轮增压器保证进气充分，改善燃烧状况；压力式脉冲排气管可充分利用废气能量，提高发动机效率；空空中冷技术保证燃油经济性及排放状况更好。

4.3
康明斯 QSK19 柴油发动机冷却系统

QSK19 发动机冷却系统主要由水泵、冷却液滤清器、机油冷却器、缸套、节温器、中冷器等组成。

（1）水泵

水泵位于发动机的右侧，装在前部齿轮板后面（图 4-3-1）。

（2）冷却液滤清器

水泵壳体后部有入水口和一个整体式滤清器。滤清器座上有一切断阀，允许在不损失冷却液的情况下更换滤清器（图 4-3-2）。

（3）机油冷却器

水泵泵出的冷却液流入机油冷却器壳体，并流过机油冷却器芯。由机油冷却器出来的冷却液流入缸体水道（图 4-3-3）。

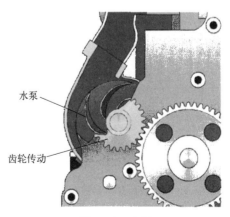

图 4-3-1　水泵

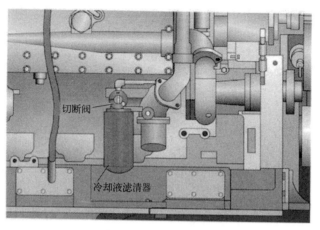

图 4-3-2　冷却液滤清器

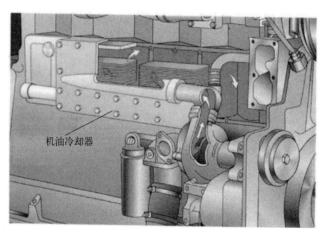

图 4-3-3　机油冷却器

（4）缸套

冷却液通过缸体水道进入每个缸套底部区域，沿每个缸套流动，然后向上进入缸盖，并流入输水歧管（图 4-3-4）。

（5）节温器

从输水歧管出来的冷却液进入节温器壳体，节温器壳体上有两个节温器（图 4-3-5）。

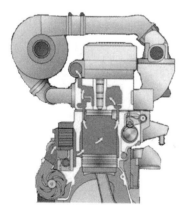

图 4-3-4　缸套

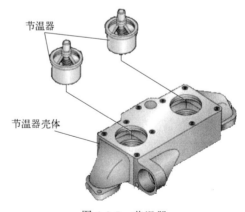

图 4-3-5　节温器

当冷却液温度低于 80℃时，节温器关闭，冷却液将通过旁通管直接流回水泵入口（图 4-3-6）。

当冷却液温度升高到超过 80℃时，节温器打开，允许冷却液流入散热器。

（6）中冷器

冷却液经节温器进入中冷器，从中冷器出来后再流回节温器，其间对进气进行冷却，以降低发动机进气温度（图 4-3-7）。

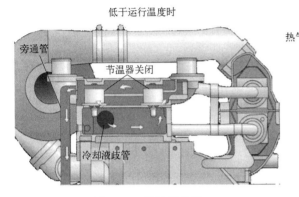

图 4-3-6　节温器关闭

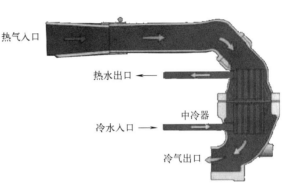

图 4-3-7　进气冷却

4.4
康明斯 QSK19 柴油发动机润滑系统

QSK19 发动机润滑系统由机油泵、机油冷却器、机油滤清器、活塞冷却阀、活塞冷却喷嘴、油道等组成。

（1）机油泵

机油泵位于发动机前面缸体的右侧，为齿轮泵，由前端齿轮传动系驱动。机油泵通过吸油管从油底壳吸取机油。

机油泵后部装有一调压阀，以保持 50～70psi 的系统压力。机油泵输出的机油沿缸体油道进入机油冷却器（图 4-4-1）。

（2）机油冷却器

机油冷却器位于缸体右侧，由壳体、盖及两组冷却器芯组成。机油流束被分成两部分，平行通过芯子（图 4-4-2）。从芯子流出的冷却后的机油进入机油滤清器（图 4-4-3）。

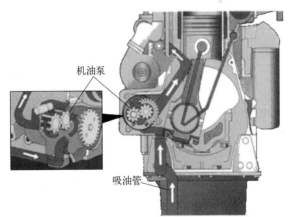

图 4-4-1　机油泵

（3）机油滤清器

机油滤清器有两个旋装滤芯，并设置了一个旁通阀，当通过滤清器的机油压差达到（43±8）psi 时，旁通阀打开，机油绕过滤芯，直接流入主油道（图 4-4-3）。

（4）活塞冷却阀

机油通过滤清器后，大部分进入主油道，一小部分机油流至活塞冷却阀。活塞冷却阀装

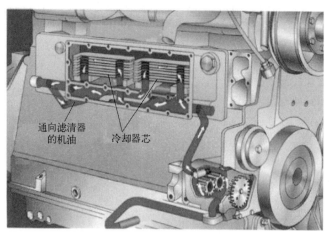

图 4-4-2　机油冷却器

于滤清器座的下部，为常闭阀，在 19～29psi 压力下打开，机油流入活塞冷却油道，进而流入各活塞冷却喷嘴（图 4-4-4）。

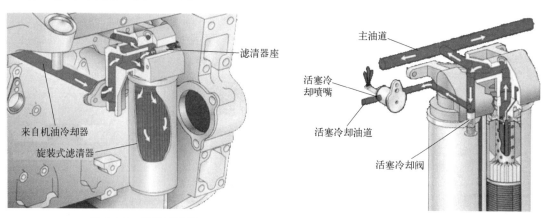

图 4-4-3　机油滤清器

图 4-4-4　活塞冷却阀

（5）活塞冷却喷嘴

活塞冷却喷嘴位于发动机左侧，每个缸套的下面各有一个。喷嘴上有四个孔，通过一个定位销定位，将定量机油喷向活塞下部特定区域（图 4-4-5）。

（6）油道

主油道沿缸体长度方向布置。横向油道与主油道交叉，将油液引向各主轴承。曲轴中的油道将油液从主轴承引向连杆轴承。连杆中有一个油道，允许带压力的油从连杆油道向上流至活塞销。

凸轮轴轴套从与主油道相连的油道获得润滑油。每个凸轮随动件转轴靠两个螺栓安装在缸体外侧。左侧（前方）螺栓同与凸轮轴轴套相连的油道对齐，向随动件总成提供润滑油。随动件转轴

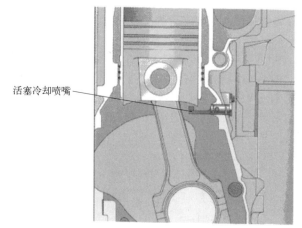

图 4-4-5　活塞冷却喷嘴

中有中心油道及交叉油道，为每个随动件提供润滑油。每个随动件的油道为滚轮销和推杆球窝提供润滑油。

交叉油道从凸轮轴轴套经过缸盖和摇臂室壳体向摇臂轴提供润滑油。同随动件转轴一样，摇臂轴中也有中心油道和交叉油道，向每个摇臂提供润滑油。摇臂内的油道向调整螺钉球窝、丁字压板和喷油器压杆提供润滑油。

前端齿轮传动系内的惰轮衬套从缸体前部的两油道得到润滑油，两油道均与主油道交叉。

附件驱动装置和液压泵驱动装置从齿轮室壳体内的油道得到润滑油，此油道与缸体下部油道相连。水泵传动装置从齿轮室壳体内的油道得到润滑油，此油道与缸体上部油道相连。

4.5
康明斯 QSK19 柴油发动机燃油系统

QSK19发动机燃油系统的特点是采用机械操纵的开式喷嘴型喷油器（图4-5-1），其包括液压-机械部分和电子控制系统。

4.5.1 液压-机械部分

液压-机械部分包括燃油滤清器、燃油泵、控制阀总成、燃油歧管、燃油冷却器、喷油器等。

（1）燃油滤清器

来自油箱的燃油流至滤清器（图4-5-2）。滤清器最大进口阻力：清洁的滤清器是4inHg❶，脏的滤清器是8inHg。

图4-5-1 机械操纵的开式喷嘴型喷油器

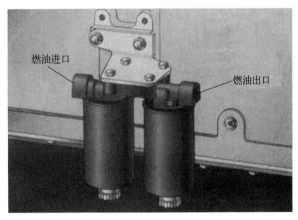

燃油进口

燃油出口

图4-5-2 燃油滤清器

（2）燃油泵

来自滤清器的燃油流至燃油泵齿轮泵的进口，自齿轮泵出口经滤网流至调速器。滤网的作用是防止任何碎屑进入执行器。调速器调节燃油输出，提供不同的流量和压力以适应发动机的转速。

调速器使过多的燃油经单向阀排出或溢流至齿轮泵进口，维持燃油泵壳内的燃油压力。

---

❶　1inHg=3.38638kPa。

出口单向阀可以防止发动机停止运行时燃油倒流（图 4-5-3～图 4-5-5）。该燃油泵没有节流或 AFC（空气燃油控制）功能。

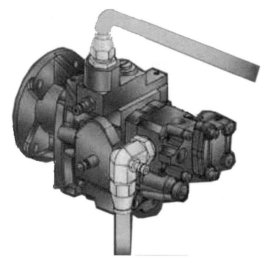

图 4-5-3　燃油泵（一）

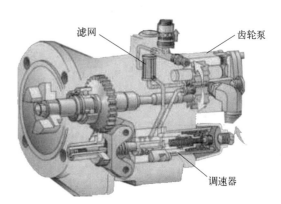

图 4-5-4　燃油泵（二）

（3）控制阀总成

燃油泵产生的燃油流输送至控制阀总成（图 4-5-6），该总成由一个切断阀、两个执行器和两个压力传感器组成。ECM（电子控制模块）安装在总成壳体的前部。

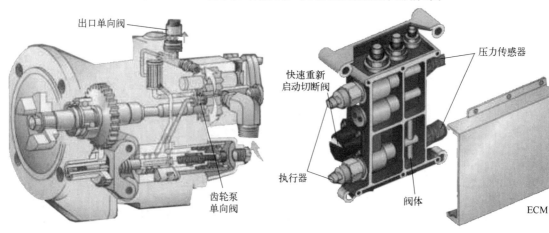

图 4-5-5　燃油泵（三）

图 4-5-6　控制阀总成

控制阀总成有一个燃油进口和两个燃油出口（图 4-5-7），正时油道和燃油油道分别由各自的执行器控制。

燃油油道压力控制系统由快速重新启动切断阀、燃油油道执行器和燃油油道压力传感器组成（图 4-5-8）。燃油首先流经快速重新启动切断阀，然后流向燃油油道执行器。燃油油道压力传感器监测油道压力并将此信息传给 ECM。执行器是一个电子控制的滑柱式控制阀（图 4-5-9），线圈接收来自 ECM 的脉冲宽度调制（PWM）信号。根据来自 ECM 的信号，滑柱将向左移动开启进油口，允许燃油流过。

正时油道压力控制系统由正时油道执行器和正时油道压力传感器组成（图 4-5-10）。正时油道的油压由正时油道执行器控制，执行器受 ECM 的控制。正时油道压力传感器监测正时油道压力并将信息传至 ECM。

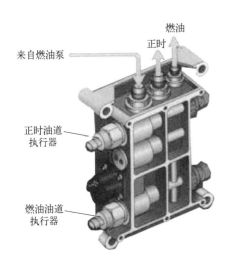

图 4-5-7　一个燃油进口和两个燃油出口

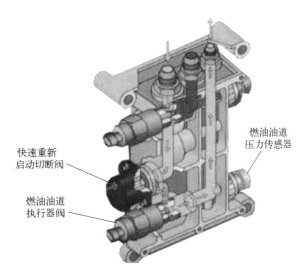

图 4-5-8　燃油油道压力控制系统

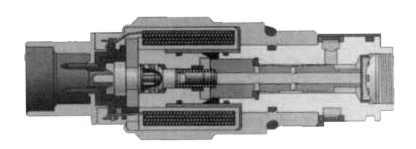

图 4-5-9　滑柱式控制阀

（4）燃油歧管

来自控制阀总成的燃油流经输油管道到达燃油歧管。有两根歧管，前部歧管向 1～3 缸供油，后部歧管向 4～6 缸供油。每根歧管上有三个油道：正时油道、燃油油道和回油油道。

缸盖上有与燃油歧管相交的油道。燃油经缸盖到达喷油器，回油从喷油器经缸盖流至燃油歧管。

（5）燃油冷却器

正确的燃油温度对燃油系统的正常工作是很关键的。因此，必须使用燃油冷却器（图 4-5-11）。来自燃油歧管的回油流至冷却器上的节温器。在 89℉ 以下时，节温器关闭，没有燃油流经冷却器。在 90℉ 时节温器开始开

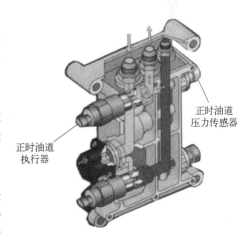

图 4-5-10　正时油道压力控制系统

启，到 104℉ 时节温器全部开启。此时，所有回流的燃油都流经冷却器。虽然油箱可以散发燃油的热量，但用燃油冷却器可以保证可靠的温度控制。

（6）喷油器

① 结构　喷油器有三个分开的运动部分（图4-5-12），即下部柱塞、正时柱塞和上部柱塞。这些柱塞均镀有氮化钛，以防止划伤磨损，延长使用寿命。

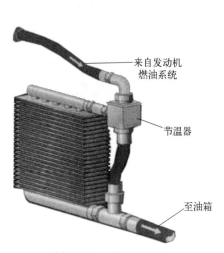

图4-5-11　燃油冷却器

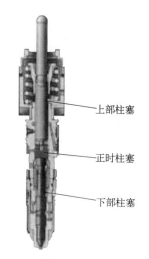

图4-5-12　喷油器三个分开的运动部分

下部柱塞套与喷嘴为整体式结构，这种设计消除了高压黏结（图4-5-13）。

喷油器的开式喷嘴（图4-5-14）设计提供了理想的喷油速率和喷雾形状，开始时的缓慢喷射使燃烧开始时比较缓慢，以降低燃烧噪声。喷射突然中止可消除二次喷射，降低碳氢化合物排放。每一次喷油循环中下部柱塞的行程为10mm。

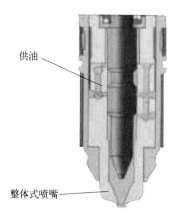

图4-5-13　喷油器下部

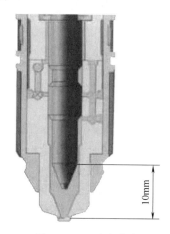

图4-5-14　开式喷嘴

QSK19发动机燃油系统提供无级喷油正时，正时随着喷油器正时部分的控制油压的变化而变化。正时部分由平衡计量孔、正时柱塞和导流环组成，正时柱塞位于上部柱塞下部的柱塞套孔中（图4-5-15）。

喷油器上部包括柱塞套、弹簧座、回位弹簧、上部柱塞、顶部限位盖和柱塞连接杆（图4-5-16）。

② 工作原理　当凸轮随动件位于外基圆上时开始喷油循环，此时三个柱塞处于接触状态，当凸轮轴转动时，随动件向内基圆滚动，三个柱塞回缩。当下部柱塞回缩量足够大时，露出燃油油道供油孔，燃油根据PT（压力-时间）规律计量通过小孔进入油杯。下部柱塞完

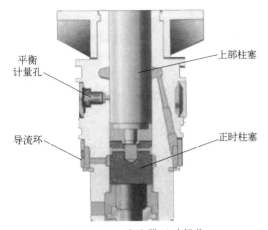

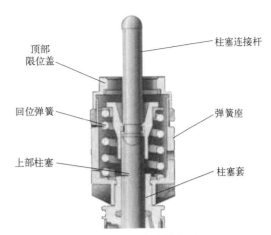

图 4-5-15 喷油器正时部分　　　　　　图 4-5-16 喷油器上部

全回缩后，凸轮随动件继续向内基圆滚动，使正时柱塞和上部柱塞继续向上运动，当上部柱塞回缩量足够大时，露出正时油道供油孔，燃油也按 PT 规律计量并经计量孔进入正时油腔。

当凸轮随动件开始沿凸轮轴的喷油斜面向上运动时，上部柱塞将向下运动并关闭正时油道供油孔以中止正时供油。计量进入正时油腔内的燃油密闭在上部柱塞与正时柱塞之间。计量进入正时油腔的燃油量确定了上部柱塞与正时柱塞之间的距离，进而确定了喷油器柱塞的有效长度，此长度确定了喷油开始的时刻。改变柱塞总长度就改变了喷油开始的时刻。柱塞之间的最小距离在 2～9mm 之间变化，此间距有时称为超行程。当下部柱塞运动时，燃油油道供油孔也是关闭的。

正时柱塞和上部柱塞直径为 15mm，下部柱塞直径为 11mm，这个直径差使正时油腔内的油压比喷油压力约低 50％（图 4-5-17）。如果正时油腔内的燃油压力为 12500psi，则油杯内的油压可能高达 25000psi（图 4-5-18）。这种比例使喷油器传动系工作在最小的应力和磨损条件下，而仍能产生极高的喷油压力。

图 4-5-17 柱塞直径

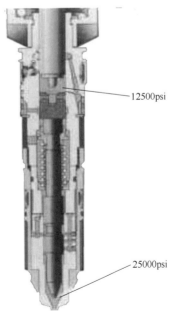

图 4-5-18 正时油腔内的燃油压力

当随动件继续沿凸轮轴的喷油斜面向上运动时，柱塞的下行速度将加快，当油杯内的压力超过气缸内的压力时，喷油就开始了。当下部柱塞接触喷嘴座时，喷油终了。大约与此同时，正时柱塞上的沟槽与柱塞套上的沟槽对准，使回油口开启，当上部柱塞继续其行程时正时燃油开始溢出。在溢油过程中，正时柱塞上的油道孔调整正时油腔内的油压以保持一定负荷作用在下部柱塞上，这个压力是防止下部柱塞在上部柱塞和正时柱塞间产生机械接触前提升所必需的。

导流环固定在溢油口上，正时燃油在压力下从油腔内溢出，导流环可以防止连续排出的高压燃油损坏气缸盖内的喷油器孔（图4-5-19）。

在上部柱塞的最后5mm行程期间，上部柱塞底部的尖端与正时柱塞油道接合，两部件之间的间隙对油道中的燃油产生附加的流动阻力；在正时燃油停止溢流时，这种附加阻力保持下部柱塞上有一定的压力（图4-5-20）。

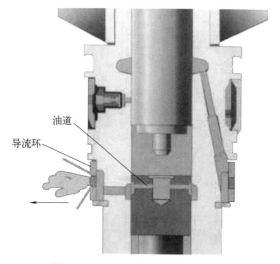 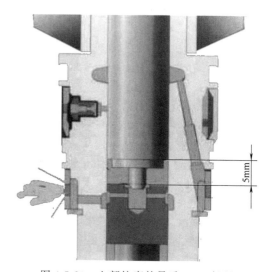

图4-5-19　导流环固定在溢油口上　　　　图4-5-20　上部柱塞的最后5mm行程

当所有的正时燃油从正时油腔中溢出时，柱塞之间将产生机械接触。喷油器传动系向下的行程将在下部柱塞上继续产生机械挤压，以确保燃烧期间柱塞在喷嘴中保持密封。

4.5.2　电子控制系统

QSK19发动机燃油系统由电子控制模块ECM控制。QSK19发动机燃油系统的ECM采用的是康明斯的最新电子技术，它使用两个微处理器处理和控制正常工作所必需的数据。它还有2MB的存储器用来存储标定信息和故障数据（图4-5-21）。

ECM以极快的速度读取所有的输入信息，进行数据处理，并向执行器提供输出信号。ECM能很快地改变油道和正时压力，迅速响应运行和环境条件最微小的变化（图4-5-22）。

例如，当增加油门开度以提高发动机转速时，ECM将考虑发动机需要提高的转速、发动机实际转速和其他输入，然后将这些数据与标定数据进行比较以确定相应的信号变化（图4-5-23）。

若允许增加发动机转速，ECM就输出相应的信号给燃油油道执行器以增加发动机转速；若此时发动机的转速增加需要改变喷油正时，ECM将会向正时油道执行器输出相应的信号（图4-5-24）。

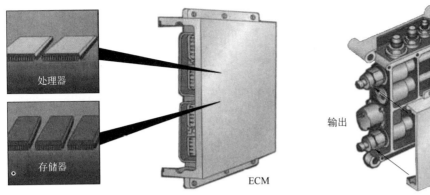

图 4-5-21　电子控制系统

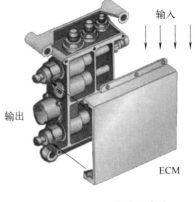

图 4-5-22　ECM 的主要任务

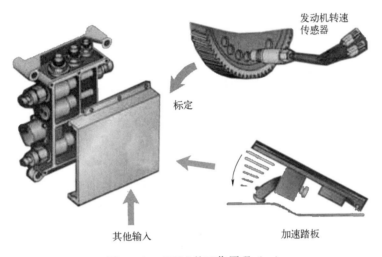

图 4-5-23　ECM 的工作原理（一）

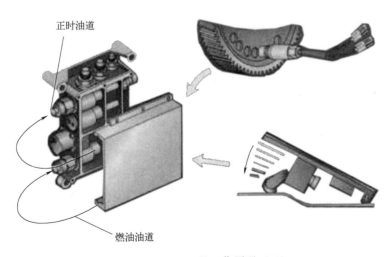

图 4-5-24　ECM 的工作原理（二）

4.6
康明斯 QSK19 柴油发动机进、排气系统

QSK19 发动机进、排气系统主要由涡轮增压器、中冷器、进气歧管、进气门、排气歧管等组成（图 4-6-1）。

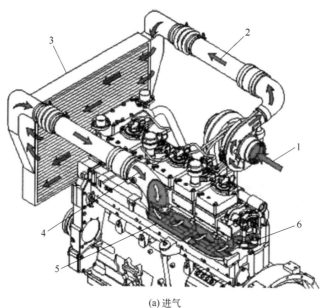

(a) 进气

1—至涡轮增压器进气口；2—至中冷器的涡轮增压器空气；
3—中冷器；4—至进气歧管的空气；5—进气歧管；6—进气门端口

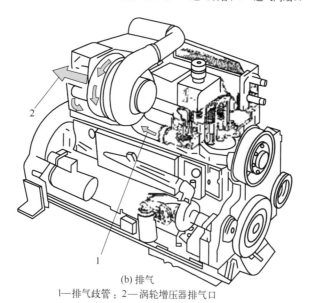

(b) 排气

1—排气歧管；2—涡轮增压器排气口

图 4-6-1　QSK19 发动机进、排气系统

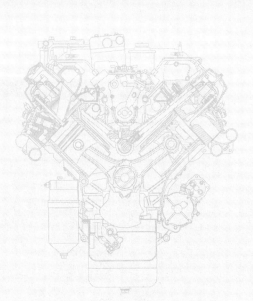

第5章

东风康明斯B/C
系列柴油发动机

5.1
康明斯 B/C 系列柴油发动机的识别

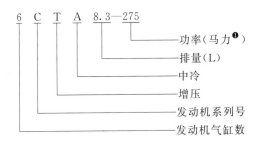

6 C T A 8.3—275
- 功率(马力❶)
- 排量(L)
- 中冷
- 增压
- 发动机系列号
- 发动机气缸数

5.2
康明斯 B/C 系列柴油发动机技术参数

一般数据	10GB03-02(6BTA)	C24020(6CTA)
缸径/mm	102	114
冲程/mm	120	135
排量/L	5.9	8.3
发动机干重(不含飞轮和发电机)/kg	411	612
发火顺序	1-5-3-6-2-4	1-5-3-6-2-4
气门间距/mm	进气门:0.25 排气门:0.51	进气门:0.30 排气门:0.61

❶ 1 马力＝0.735kW。

一般数据		10GB03-02(6BTA)	C24020(6CTA)
压缩比		16.5：1	16.5：1
进气方式		增压中冷	增压中冷
旋转方向(从发动机前端看)		顺时针	顺时针
急速时最低机油压力/kPa		69	69
额定转速下最低机油压力/kPa		207	207
调压阀开启压力/kPa		414	518
机油滤清器旁通阀开启压差/kPa		138	172
油底壳容量/L		L 线:12.4 H 线:14.2	L 线:15.3 H 线:18.9
发动机冷却液容量/L		9.9	10.9
节温器工作温度/℃		开启温度:83 全开温度:88	开启温度:83 全开温度:95
水箱盖蒸汽阀开启压力/kPa		系统温度在 104℃时:103 系统温度在 99℃时:48	最低开启压力:50
在额定转速和负荷时允许最大进气阻力/mmH$_2$O[①]		635	635
在额定转速和负荷时允许最大排气阻力/mmH$_2$O[①]		76.2	76.2
燃油滤清器较脏时,输油泵允许最大阻力/mmHg[①]		95	100
回油管允许最大阻力/mmHg[①]		518	518
启动电路最大允许电阻/Ω	12V 起动机	0.0012	
	24V 起动机	0.0020	0.009
发动机带轻附件	12V 启动电压[②]	800CCA	1280CCA
	24V 启动电压[②]	400CCA	640CCA
发动机带重附件	12V 启动电压[②]	950CCA	
	24V 启动电压[②]	470CCA	

① 1mmH$_2$O＝9.80665Pa；1mmHg＝133.322Pa。

② 最小蓄电池容量推荐值(以下内容为康明斯公司提供,仅作参数),实际使用的型号均按东风汽车有限公司规定的型号。

注：1. CCA 为冷启动电流,例如 800CCA 表示在－18℃时,蓄电以 800A 电流持续放电 30s,蓄电池各格电压下降不得超过 1.2V。

2. 典型的轻附件包括交流发电机、小转向泵并脱开离合器；典型的重附件包括液压泵和液力变矩器。

5.3
康明斯 B/C 系列柴油发动机结构与特点

(1) B/C 系列发动机的结构

① 前齿轮室和齿轮传动机构　前齿轮室给燃油泵、正时销和驱动附件提供支撑。齿轮

传动机构包括曲轴齿轮、机油泵齿轮、惰轮、凸轮轴齿轮、燃油泵齿轮和附件驱动齿轮（空压机、动力转向油泵）共六个齿轮（图5-3-1）。

② 曲轴前、后油封　均采用双唇边的聚四氟乙烯密封件，前油封安装在前齿轮室盖中，后油封安装在一个用螺栓紧固在缸体后端的壳体上。安装时注意，要保证前后曲轴表面清洁、无油。

③ 凸轮轴、随动件和推杆　凸轮轴由曲轴通过齿轮传动。其中，B系列发动机凸轮轴前轴颈上有一个可更换的轴套，C系列发动机七道轴颈上均有可更换的轴套。凸轮轴上有凸轮带动进、排气门，还有一个专用凸轮驱动输油泵。

气门凸轮通过随动件（挺杆）带动推杆运动。推杆的球头与挺杆的球窝相配，推杆另一端的球窝与摇臂上调整螺钉的球头相配。

④ 气缸盖及气门机构　B系列与C系列发动机均为整体式横向换气结构，每缸两个气门。B系列发动机有铸造的气门导管和淬硬的气门座

图5-3-1　前齿轮室和齿轮传动机构

圈（修理时可以重镶），C系列发动机则有镶嵌的气门导管和气门座圈。气缸盖上有铸造的进气歧管、燃油滤清器座、节温器壳体和内部水旁通管。油嘴装在气缸盖上，可直接向气缸内喷油。每个气缸使用独立支座以支撑并将机油输给摇臂。B系列发动机由从主油道来的六条油路单独供油，C系列发动机则由一根输油管供油给每个支座。气缸盖密封垫为层叠式结构。

⑤ 活塞和连杆总成　活塞采用高涡流燃烧凹坑、铝铸活塞体、三道活塞环槽。对涡轮增压式、涡轮增压中冷式发动机，活塞镶嵌一个耐蚀镍合金的楔形环槽。自然吸气式发动机的顶环为矩形截面环，增压式发动机为楔形环，中间环和油环是相同的。在更换活塞时要区分增压和非增压，以免出错。

活塞销为全浮式结构。活塞销与连杆轴颈的润滑由活塞冷却用残余的机油完成，连杆小头切削出一个角度，镶铜衬套。B系列发动机连杆大头采用斜切口，C系列发动机采用平切口。增压式发动机连杆轴瓦采用铜背三层合金轴瓦，自然吸气式发动机采用钢背铝制轴瓦。

⑥ 曲轴和主轴承　曲轴采用合金钢锻造。四缸发动机有五个主轴承，六缸发动机有七个主轴承。轴承的下瓦相同，上瓦除了止推轴瓦（4B发动机为第三道、6B发动机为第六道、6C发动机为第四道）外也相同。

⑦ 气缸体　灰铸铁铸造，龙门式结构。B系列发动机缸孔是在生产中直接加工而成的，其尺寸和形状直接关系到发动机的性能和寿命；C系列发动机缸孔采取镶嵌缸套的方法（湿式缸套）。

（2）B/C系列发动机的特点

B/C系列发动机具有强度合理、结构紧凑、零部件品种及数量少、重量轻、高效节能等特点。

① 采取几种零件组合在一起的设计，减少了零件数量，增加了零件的通用性，省去了不少复杂零件，例如，水泵壳、机油泵壳、水泵进水管、机油冷却器壳组合在缸体内；进气歧管、节温器座、冷却水小循环管、燃油滤清器座组合在缸盖内（图5-3-2~图5-3-4）。

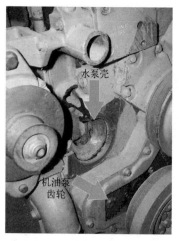

图 5-3-2　水泵壳和机油泵齿轮

图 5-3-3　进气歧管

机油冷却器

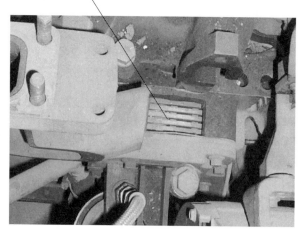

图 5-3-4　机油冷却器

②　B系列发动机四不镶，即不镶缸套，不镶气门导管，不镶气门座圈，不镶凸轮衬套（第一道除外）（图5-3-5～图5-3-7），但都保留了镶嵌空间。C系列发动机采取全镶嵌结构。

③　铝铸件和冲压件多，重量轻。例如，铝铸件有齿轮室、飞轮壳、进气管盖、气门室盖等；冲压件有油底壳、挺杆室盖、齿轮室盖等。

④　尽量减少零件的数量和品种。例如，齿轮室的齿轮总数为六个（含驱动机油泵和空压机的三个齿轮）；冷却活塞用的是塑料喷嘴（B系列发动机每缸一个，C系列发动机每缸两个），目前已经无法进一步简化。

⑤　广泛采用结构轻小和简单的附件总成：转子式机油泵；冲压叶轮及组合轴承式水泵；板翅式机油冷却器；旋装组合式机油滤清器；旋装式燃油滤清器；多孔管式机油吸油器。通用性高：增压与非增压之间，由于工作强度和性能等级有较大差异，使燃油泵、活塞、顶环及连杆总成零件不通用，其余均通用（增压型新增件除外）。

| 图 5-3-5　不镶缸套 | 图 5-3-6　不镶气门导管及气门座圈 | 图 5-3-7　不镶凸轮衬套 |

⑥ 关键零件尺寸富余，强度储备充足。

⑦ 为了适应多种用途和匹配的需要，设计时采用了大量选用件。例如，加油口可设在顶部、前部和侧面；油底壳有前油池、中油池和后油池三种；机油尺可设在前、中、后位置；可选装空压机、液压泵和空调机；可选装低温启动装置；可选装几种高压油泵。

5.4
康明斯 B/C 系列柴油发动机冷却系统

（1）冷却系统技术条件

① B 系列发动机有一个节温器［图 5-4-1（a）］，C 系列发动机有两个节温器［图 5-4-1（b）］。

② 节温器初始开启温度为 81～83℃，全开温度为 88℃以上。

③ 节温器不允许拆除，节温器失效后应立即更换。

④ C 系列发动机上必须采用两个相同的节温器，不允许用不同型号的节温器代替。

（a）B系列发动机　　　　　　　　　　　　　　（b）C系列发动机

图 5-4-1　节温器

（2）冷却系统冷却流程

B系列发动机冷却系统冷却流程如图 5-4-2 所示。

C系列发动机冷却系统冷却流程如图 5-4-3 所示。

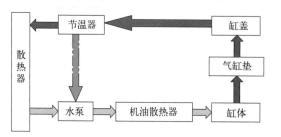

图 5-4-2　B系列发动机冷却系统冷却流程　　　　图 5-4-3　C系列发动机冷却系统冷却流程

5.5
康明斯 B/C 系列柴油发动机润滑系统

B/C系列发动机润滑系统主要由机油泵、调压阀、机油冷却器、机油滤清器、滤清器旁通阀、增压器输油管、增压器回油管、活塞冷却喷嘴、机油泵齿轮等组成（图 5-5-1）。

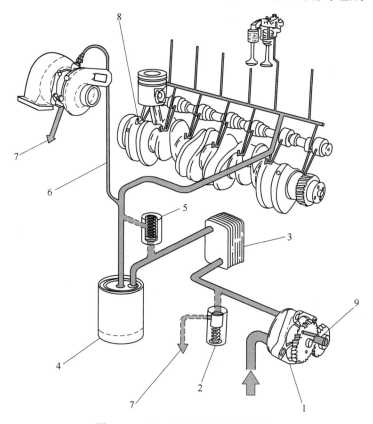

图 5-5-1　B/C系列发动机润滑系统

1—机油泵；2—调压阀；3—机油冷却器；4—机油滤清器；5—滤清器旁通阀；6—增压器输油管；
7—增压器回油管；8—活塞冷却喷嘴；9—机油泵齿轮

5.6
康明斯 B/C 系列柴油发动机燃油系统

B/C 系列发动机燃油系统主要由油箱、输油泵、预滤器、燃油滤清器、低压油管、高压油泵、高压油管、喷油器等组成，供油流程如图 5-6-1 所示。

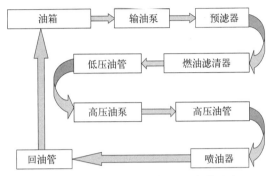

图 5-6-1　B/C 系列发动机燃油系统供油流程

5.7
康明斯 B/C 系列柴油发动机进、排气系统

B/C 系列发动机进、排气系统由空气滤清器、过渡管、增压器、进气歧管、排气歧管、排气管等组成（图 5-7-1）。其工作流程如图 5-7-2 所示。

(a) 进气　　　　　　　　　　　　　　　　　(b) 排气

图 5-7-1　B/C 系列发动机进、排气系统

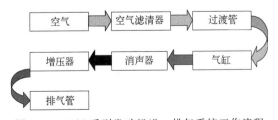

图 5-7-2　B/C 系列发动机进、排气系统工作流程

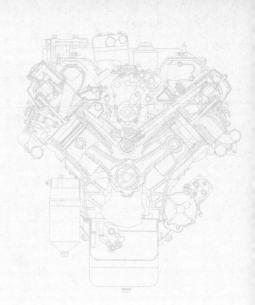

第**6**章

东风康明斯L系列柴油发动机

6.1

康明斯 L 系列柴油发动机的识别

L　360　20

- 排放标准
- 标定功率(马力❶)
- 发动机系列

6.2

康明斯 L 系列柴油发动机技术参数

一般技术参数

项　　目	参　　数
发动机形式	直列六缸,四冲程,直喷式,水冷
进气方式	废气涡轮增压,进气中冷
缸径×冲程	114mm×145mm
发动机排量	8.9L
发火顺序	1-5-3-6-2-4

冷却系统技术参数

① 冷容（限发动机）：11.1L。

---

❶ 1 马力＝0.735kW。

② 节温器：81～83℃开始开启；95℃全开。

③ 顶部水箱温度：最高可接受100℃；最低建议70℃。

润滑系统技术参数

① 油底壳容量：上限23L；下限19L。

② 系统总容量：27.6L。

③ 机油压力：低怠速时（最小允许值）为69kPa；在额定转速度时（最小允许值）为207kPa。

④ 打开机油滤清器旁通阀的压差为138kPa。

⑤ 额定转速下的机油温度为99～126.6℃。

燃油系统技术参数

① 输油泵最大进口阻力为150mmHg❶。

② 输油泵在额定转速时的出口压力（最小）：大流量时为172kPa；小流量时为83kPa。

③ 燃油滤清器阻力（滤清器两侧的最大压降）为35kPa。

④ 燃油回油阻力（最小）为520mmHg。

进、排气系统技术参数

① 最大允许进气阻力（压气机进口）(带使用过的滤芯)为6.2kPa。

② 在额定转速和额定负载下涡轮增压器最大排气阻力（涡轮机出口）（空空中冷器）为21kPa。

6.3
康明斯L系列柴油发动机结构与特点

（1）缸体

一体化、多功能设计，减少零件数和密封面。下列结构在缸体上铸出：机油冷却器壳、节温器座、水泵壳、出水管、机油泵壳（图6-3-1）。有以下优点：减少噪声，增强活塞冷却，最优化水泵性能和冷却流程，降低齿轮室噪声，方便发电机和前端轮系装配。

（2）缸盖

四气门缸盖（图6-3-2），镶进、排气气门座圈及气门导管，喷油器中置，含钼铸铁材料。安装整体式回油管，单气门套，铸件表面喷涂，提高了铸件的机械强度，增加了冷却液流量（增加13%）。

（3）摇臂系统

精巧设计、不需调整、中心喷射、使用耐久、低保养费用、燃烧好（图6-3-3）。

（4）缸套

专利的中止定位，提高刚度，减少穴蚀，单O形圈密封，精细小平台网纹珩磨。

（5）活塞

两段铰接式设计，头部采用耐热钢，裙部采用铝合金（图6-3-4）。使用两道活塞环。

定向活塞冷却（图6-3-5），作用是增强活塞冷却，降低活塞和活塞销温度，新的结构增加了25%的冷却液流量。

---

❶ 1mmHg＝133.322Pa。

图 6-3-1　缸体

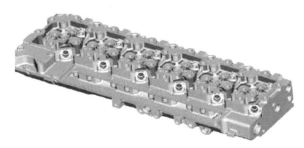

图 6-3-2　缸盖

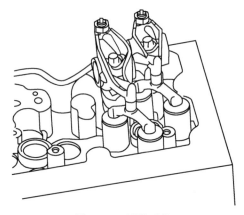

图 6-3-3　摇臂系统

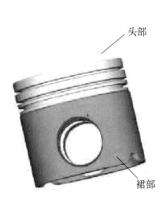

图 6-3-4　活塞

（6）进气道

改善冷启动和启动时的白烟控制；没有冷启动装置时仍有良好的启动性能；加装时成本低；可靠性高。

（7）风扇驱动系统

张紧轮靠外侧，减少了皮带噪声，有利于皮带使用寿命，改善了轮系排列情况（图 6-3-6）。

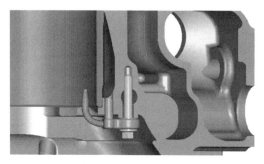

图 6-3-5　定向活塞冷却

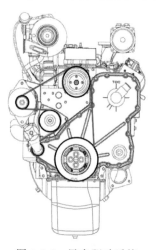

图 6-3-6　风扇驱动系统

6.4
康明斯 L 系列柴油发动机冷却系统

特点：直立式节温器，低的节温器渗漏；减少缸盖水的阻力，缸体水流更通畅；改进旁通道；采用铅材料冷却器。有利于：缩短发动机冷、热机时间；改善大负荷时的冷却能力；消除可能产生的过热区；改善循环。

冷却液通过发动机的流向如图 6-4-1 所示。当发动机低于运行温度时，节温器关闭，冷却液旁通到水泵入口，当冷却液温度升高时，节温器开始开启，让部分冷却液流到散热器，在正常的运行温度下，节温器全开并且关闭旁通回路（图 6-4-2）。

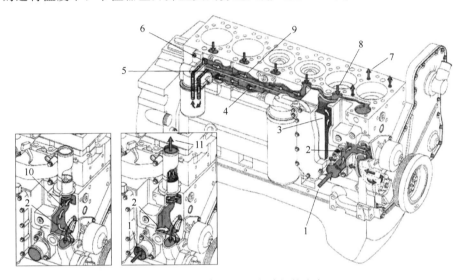

图 6-4-1　冷却液通过发动机的流向

1—从水箱到冷却液进口；2—水泵把冷却液吸入；3—冷却液流过机油冷却器；4—缸体下部水道（到各缸）；
5—水滤器入口；6—水滤器出口；7—冷却液到缸盖；8—冷却液从缸盖返回；9—缸体上部水道；
10—节温器旁通；11—冷却液返回水箱

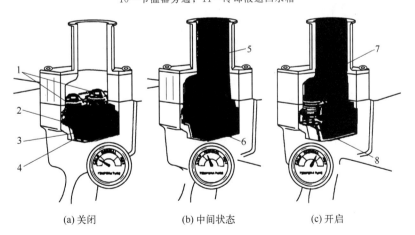

(a) 关闭　　　　　(b) 中间状态　　　　　(c) 开启

图 6-4-2　节温器状态

1—节温器；2—流向水泵进口；3—旁通开启；4—冷却液流自下部冷却液歧管；5—部分冷却液流向散热器；
6—限制冷却液流向旁通管；7—冷却液流至散热器；8—旁通关闭

6.5

康明斯 L 系列柴油发动机润滑系统

特点：提升泵油能力，机油流量增加13%；顶置机油管路，提升机油冷却能力。

作用：具有高功率大负荷润滑能力；快速建立油压并传送；外挂更多的附件；对气门充分冷却；支持功率提升。

如图 6-5-1 所示，转子泵通过刚性内部吸油管从油底壳吸油，机油流经缸体上的机油通道，进入机油冷却器盖内的通道，到达机油冷却器的顶部。如果机油是冷的，节温器开启旁通通道，使一部分机油绕过冷却器流到滤清器中。随着机油温度升高，节温器将关闭旁通通道并迫使机油流过冷却器，由此调节去往气缸体机油的油温。机油从冷却器流向组合式全流量旁通机油滤清器，同时流向调压阀。调压阀保持关闭直到机油压力约为 518kPa 为止，超过此压力时调压阀打开，一部分机油返回池底壳而使机油系统压力降低。机油滤清器的上部为全流量滤芯，下部为旁通滤芯，流经机油滤清器全流量滤芯的机油流回气缸体，流经旁通滤芯的机油流回油底壳。在发动机正常运转期间，机油在组合式滤清器的全流量段中循环流动并流进主油道。如果组合式滤清器的全流量段堵塞，滤清器两端压差达到 137kPa 时，旁通阀打开，将未过滤的机油送到主油道，这样就避免了发动机缺油。

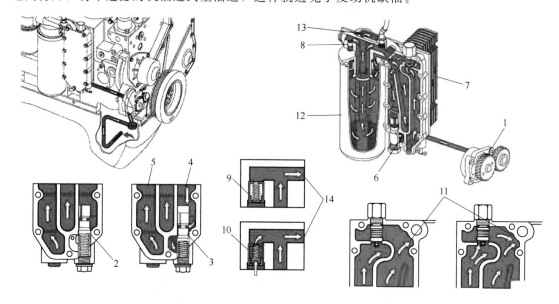

图 6-5-1　L 系列发动机润滑系统

1—机油泵；2—调压阀关闭；3—调压阀打开；4—来自机油泵；5—到机油冷却器；6—到油底壳；7—机油冷却器；8—滤清器旁通阀；9—滤清器旁通阀关闭；10—滤清器旁通阀打开；11—到机油滤清器；12—机油滤清器的全流量段；13—来自机油滤清器；14—进主油道

在滤清器座处，机油的流向开始分支；一部分流向涡轮增压器，另一部分流向主油道（图 6-5-2）。主油道在整个气缸体上有很多分支油道，通过这些分支油道向主轴承和凸轮轴轴承供油。主轴承油槽供油给位于主轴承座上的活塞冷却喷嘴。喷嘴喷溅的机油润滑活塞销。机油从主轴承流进曲轴，并通过曲轴内的油道润滑连杆轴承（图 6-5-3）。

缸体中和齿轮室上的油道向燃油泵供油，在燃油泵轴的上方有一个溢流孔，使机油流回

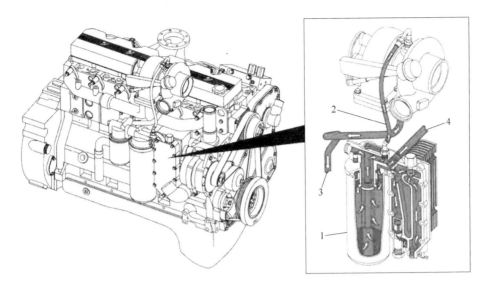

图 6-5-2　涡轮增压器润滑

1—机油滤清器；2—给涡轮增压器提供机油；3—涡轮增压器把机油排出；4—到主油道

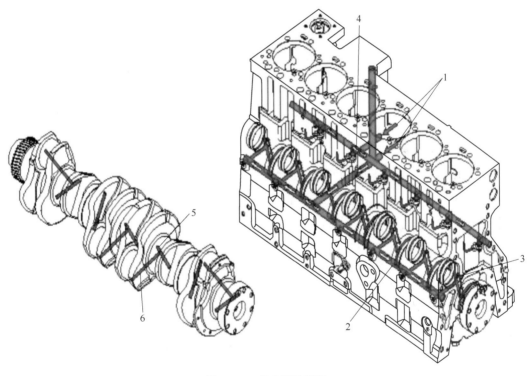

图 6-5-3　动力部件润滑

1—来自机油冷却器；2—主油道；3—到凸轮轴；4—到活塞冷却喷嘴；5—来自主油道；6—到连杆轴承

油底壳。机油通过气缸体上在凸轮轴衬套上方的垂直油道，再到气缸盖上的油道，进入摇臂座、摇臂轴和摇臂，然后通过摇臂上的小孔，分别到推杆与气门杆（图 6-5-4）。前齿轮系总成是通过机油喷溅驻留进行齿轮润滑的。机油泵急速齿轮是强制润滑的。来自齿轮系总成的机油流回油底壳循环使用。

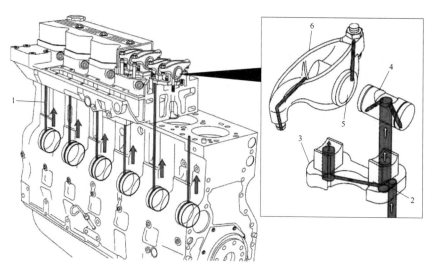

图 6-5-4　发动机顶部润滑

1—机油通过凸轮轴衬套上方缸体上的油道到缸盖；2—缸盖上的机油通道；3—机油进入摇臂座；4—机油进入摇臂轴并润滑摇臂轴；5—机油进入摇臂；6—润滑摇臂两端的推杆和气门杆

6.6
康明斯 L 系列柴油发动机燃油系统

　　L 系列发动机燃油系统由油箱、预滤器、输油泵、油水分离器、燃油滤清器、低压供油管、燃油回油歧管、高压燃油管、喷油器等组成（图 6-6-1）。

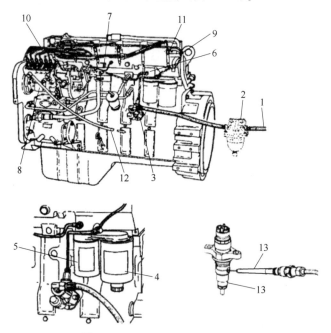

图 6-6-1　L 系列发动机燃油系统

1—来自油箱；2—预滤器；3—输油泵；4—油水分离器；5—燃油滤清器；6—低压供油管；7—涡轮增压压力控制管路
8—喷油泵；9—燃油回油歧管；10—高压燃油管；11—喷油器；12—燃油回油箱；13—进油管

6.7
康明斯 L 系列柴油发动机进、排气系统

L系列发动机进、排气系统如图6-7-1所示。

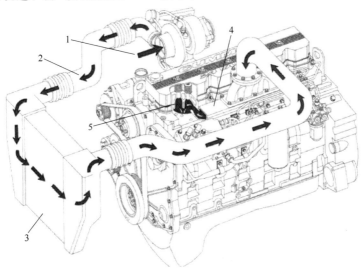

(a) 进气

1— 涡轮增压器进气口；2— 涡轮增压器中空气到中冷器；3— 中冷器；

4— 整体式进气管；5— 气门

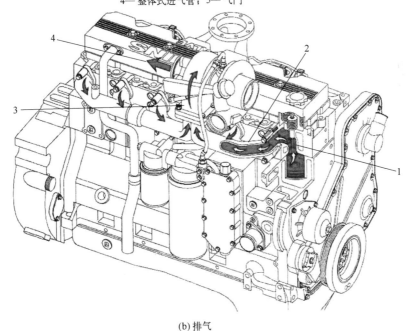

(b) 排气

1— 排气门；2— 排气歧管；3— 涡轮增压器；4— 涡轮增压器排气口

图 6-7-1 L 系列发动机进、排气系统

发动机通过空气滤清器吸入空气，空气的清洁对发动机的寿命十分重要，吸入的尘土或污物会很快损坏气缸。确保使用优质的空气滤清器，并且要遵照厂家的建议定期更换空气滤清器。

L系列发动机采用一种安装在底盘上的空空中冷器，来改善发动机的性能和降低排放量。这个系统同时采用大口径的管道，将空气从发动机涡轮增压器输送到空空中冷器，然后从空空中冷器返回到发动机进气管。

一些涡轮增压发动机采用带废气门的涡轮增压器来限制涡轮机产生的最大升压。废气门操作由一个执行器控制，这个执行器可以感受到压气机的压力，并使这个压力与一个预设弹簧负载平衡。废气门安装在涡轮进口通道中。阀门打开时，废气门通过分流涡轮周围的一部分废气，控制转速和升压。

注意，涡轮增压器是性能部件，不能随意改动。废气门托架是涡轮增压器的一个组成部分。当随意改动废气门部件时，由于进气歧管和排气歧管压力不合适引起气缸压力和热负荷升高，会降低发动机使用年限，而且会使节油效果不良及不符合排放量的规定标准。提高涡轮增压器升压不会提高发动机功率。

涡轮和压气机叶轮及支承轴均由轴承座中的两个滚动轴承支承。轴承座内的油道将清洁、加压的机油导入轴承。机油用于润滑和冷却轴承，以保证运行平稳。这些机油经回油管从轴承座排到油底壳。回油管受阻或损坏会引起涡轮增压器轴承座压力增加，造成机油通过油封泄漏出来。注意，供给涡轮增压器足够优质和清洁的机油对于涡轮增压器的使用寿命是非常重要的。务必使用优质机油，并且根据保养建议更换机油和机油滤清器。

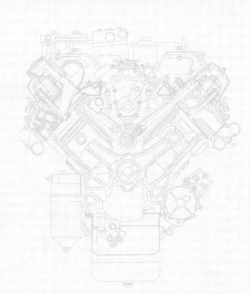

第**7**章

东风康明斯ISL
柴油发动机

7.1
康明斯 ISL 柴油发动机技术参数

一般技术参数

项　目	参　数
发火顺序	1-5-3-6-2-4
曲轴转动方向（从发动机前方看）	顺时针
排量	8.3L
缸径×冲程	114mm×144.5mm
进气门间隙	0.305mm
排气门间隙	0.559mm
发动机制动器间隙	2.286mm
曲轴箱压力	305mmHg

注：1mmHg＝133.322Pa。

燃油系统技术参数

项　目	参　数
燃油滤清器技术规范（吸入侧/预滤器）	10μm
燃油滤清器技术规范（压力侧）	3μm
发动机最低启动转速	150r/min
最大燃油进口阻力（齿轮泵进口）	254mmHg
最大燃油进口阻力（在 OEM 接头）（脏滤清器）	203.2mmHg
电子输油泵最小输出压力	35kPa
最大燃油回油管阻力	254mmHg

注：1mmHg＝133.322Pa。

润滑系统技术参数

项 目	参 数
机油压力（怠速）	69kPa
机油压力（在额定转速时）	207kPa
机油滤清器容量	3.78L
标准发动机油底壳机油容量（低位至高位）	18.9～22.7L
标准发动机油底壳机油容量（带有缸体加强板）	19.9L～23.7L
系统总容量	26.5L
系统总容量（带有缸体加强板）	27.4L[29 夸脱]
机油调压阀调节压力	517kPa

冷却系统技术参数

项 目	参 数
冷却液容量（仅限于发动机）	11.1L
标准节温器调节范围	82～93℃
推荐的压力盖最小压力	48kPa
最小的加注率（无低液位报警）	19L/min
最大的排气时间	25min
最高的顶部水箱冷却液温度	107℃

进、排气系统技术参数

项 目	参 数
最大进气阻力（干净的空气滤清器滤芯）	$254mmH_2O$
最大进气阻力（脏的空气滤清器滤芯）	$635mmH_2O$
空空中冷器最大压差	$152mmH_2O$
最大排气背压（消声器）	$1016mmH_2O$

注：$1mmH_2O=9.80665Pa$。

7.2
康明斯 ISL 柴油发动机结构与特点

（1）挺杆

ISL 发动机上更大直径的挺杆（图 7-2-1）经过了重新设计，可以减小凸轮轴的负载，从而提高其耐久性。如果要使用更大直径的挺杆，将需要更换缸体。

（2）气门机构

因为气缸压力增加，很多气门机构部件有细微的改变。大部分的变化是肉眼难以分辨

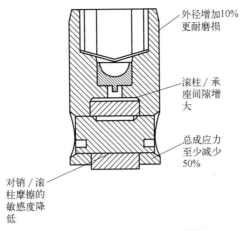

外径增加10%更耐磨损

滚柱 / 承座间隙增大

总成应力至少减少50%

对销 / 滚柱摩擦的敏感度降低

图 7-2-1　更大直径（31mm）的挺杆

的，都是非常微小的几何形状变化。

（3）连杆

ISL 发动机的新型断面分裂式连杆如图 7-2-2 所示，仍然采用斜角剖分结构。连杆和连杆盖中间的表面不再进行机械加工。每个连杆和连杆盖的表面都是唯一的，表面必须进行保护。配合不正确将造成连杆损坏。

图 7-2-2　断面分裂式连杆

（4）活塞和活塞销

ISL 发动机采用分体式铰接活塞（图 7-2-3）。活塞顶部燃烧室形状改变，有助于降低排放水平。

（5）连杆轴承

ISL 发动机上、下连杆轴瓦的材料不一样。上轴瓦背面标有"UPR"（图 7-2-4）。下轴瓦只起到支撑上轴瓦的作用，其强度不够，不可以装在 ISL 发动机的上轴瓦位置。

图 7-2-3　活塞和活塞销

图 7-2-4　上轴瓦

（6）活塞冷却喷嘴

活塞冷却喷嘴的形状有轻微变化，可以提供更好的冷却（图 7-2-5）。活塞冷却喷嘴不再是对接式螺栓的形式，采用一般螺栓固定活塞冷却喷嘴，强度增加。

（7）曲轴转速信号轮

主发动机转速传感器移至曲轴（图 7-2-6），使系统读取的转速信号的分辨率得到提高，提高了可靠性，因为主转速传感器和副转速传感器从不同的目标读取数据。

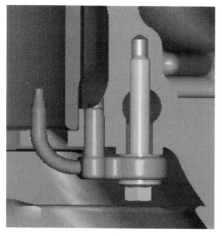
图 7-2-5　活塞冷却喷嘴

图 7-2-6　曲轴转速信号轮

7.3
康明斯 ISL 柴油发动机冷却系统

ISL 发动机冷却系统主要由水泵、冷却液滤清器、机油冷却器壳体、缸体、节温器等组成。

ISL 发动机需要使用两个通风管接头（图 7-3-1）：一个管接头在 VGT（可变截面式涡轮增压器）的出水口连接处；另一个管接头在缸盖的前面。需要将两根通风管在连接到副水箱（膨胀水箱）前连接在一起。

图 7-3-1　通风管接头

7.4
康明斯 ISL 柴油发动机润滑系统

ISL 发动机必须采用配备了内部文氏管的机油滤清器（图 7-4-1），其可以提供一个更细过滤介质的滤清器旁通油路。如果采用缺少内部文氏管的机油滤清器，发动机会因缺乏适当的机油过滤而产生过早的磨损。

图 7-4-1　机油滤清器

7.5
康明斯 ISL 柴油发动机燃油系统

康明斯共轨燃油系统是一种高压共轨喷油系统。燃油油轨储存燃油喷射所需的加压燃油。ECM 在点火开关接通时向电子燃油输油泵（位于 ECM 后面）供电约 30s，以确保加注燃油系统。常开燃油泵执行器接收来自 ECM 的 PWM 信号执行开启或关闭操作，以此响应来自燃油油轨压力传感器的信号。喷油器具有独立的电磁阀。ECM 向每个喷油器独立供电，从而为每个气缸供油（图 7-5-1）。

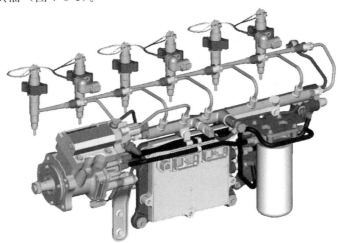

图 7-5-1　ISL 发动机共轨燃油系统

燃油泵可分为四个相对独立的总成，分别是燃油齿轮泵、燃油泵执行器壳体、凸轮轴壳体和高压燃油泵。燃油流过齿轮泵，经压力侧滤清器，进入燃油泵执行器壳体。部分燃油通过放气管接头持续回流。计量燃油通过燃油泵执行器进入高压燃油泵，在此燃油被加压到油轨压力，然后从高压出口流出，再流入燃油油轨（图7-5-2～图7-5-4）。

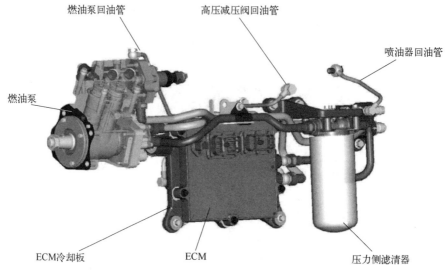

图 7-5-2　燃油流向（一）

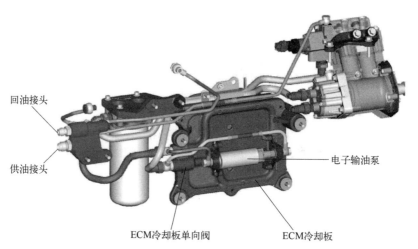

图 7-5-3　燃油流向（二）

输油泵用于在启动时加注齿轮泵。点火开关接通后输油泵运转约30s。一旦发动机启动，齿轮泵可在没有输油泵帮助的情况下保持注油。齿轮泵由凸轮轴通过内部联轴器驱动，凸轮轴用锥形滚柱轴承安装在凸轮轴壳体内。支承凸轮轴的轴承，以及挺杆、滚轮和凸轮轴本身都由发动机机油润滑。发动机机油通过发动机齿轮室内的油道输送到凸轮轴壳体。

高压燃油通过喷油器供油管和燃油连接管从燃油油轨流入喷油器。拧紧燃油接头螺母时，燃油接头压着喷油器体，喷油器供油管连接到燃油接头（图7-5-5）。此连接处的扭矩和紧固顺序很关键。如果螺母没有拧紧，将不能密封并会导致高压燃油泄漏。如果螺母过度拧紧，接头和喷油器将变形并导致高压燃油泄漏。此泄漏在缸盖内部，不可见。结果将出现故障代码、功率降低或无法启动。如果在安装高压接头之前喷油器没有完全入位，则连接处不会密封（图7-5-6）。燃油接头包括一个流线式滤清器。通过缸盖内共用的回油孔及缸盖后部的回油管（图7-5-7），所有喷

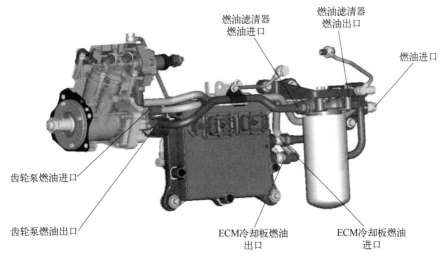

图 7-5-4 燃油流向（三）

油器的多余燃油返回到油箱。背压阀位于缸盖背部连接回油管处。

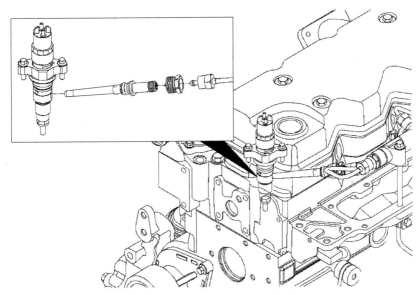

图 7-5-5 喷油器和燃油管路安装

ECM 通过操纵喷油器电磁阀控制发动机的供油和正时。电子脉冲传送到电磁阀以提升针阀，并启动喷油。通过电控喷油器，能够更加精确地控制喷油量和正时。通过电控喷油器还可进行多点喷射。

注油回路的主要作用是为齿轮泵提供压力，以便发动机可以迅速启动。点火开关接通后，电子输油泵只运转 30s，用来在发动机启动时注满燃油系统。当电子输油泵安装后滤清

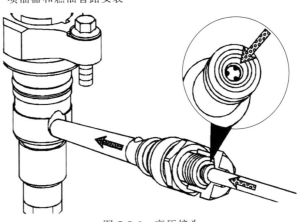

图 7-5-6 高压接头

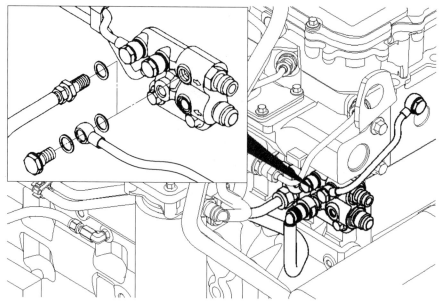

图 7-5-7　缸盖后部的回油管

器内部没有燃油时，需要反复转动点火开关五六次，以注满压力侧滤清器。电子输油泵在向无油系统注油时性能并不好。建议更换压力侧滤清器时，在里面预先注满清洁燃油。

如果没有 ECM 冷却板单向阀，当输油泵没有运转时，燃油将一直在 ECM 冷却板内部循环（图 7-5-8）。单向阀在安装时可能受损。当诊断和排除功率低和性能故障时，检查单向阀有无损坏或碎片。如果单向阀损坏，在齿轮泵进口处可以测量到高燃油入口阻力。

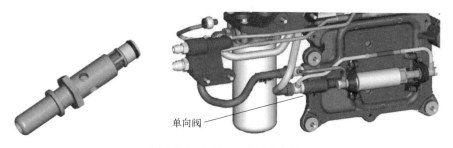

单向阀

图 7-5-8　ECM 冷却板单向阀

如果燃油压力超过高压减压阀触发压力，油轨压力将被控制在 900bar❶，而多余燃油将回流到回油管。如果高压减压阀打开，将产生故障代码，表示出现压力过调量。如果控制系统仍能保持压力控制，此阀门将在瞬间压力中断后复位，然后继续正常工作。

7.6
康明斯 ISL 柴油发动机进、排气系统

ISL 发动机都使用可变截面式涡轮增压器（VGT），通过在加速或瞬变状态提供更快的

---

❶　1bar＝0.1MPa。

增压以提高发动机性能。采用了气动执行器，根据性能的需要改变涡轮出口面积，以得到不同的增压水平。关闭可变截面喷嘴（减小涡轮出口面积），涡轮转速将增加，增压压力则增加更快。打开可变截面喷嘴（增加涡轮出口面积），涡轮转速将降低，产生很小的增压压力（图7-6-1）。

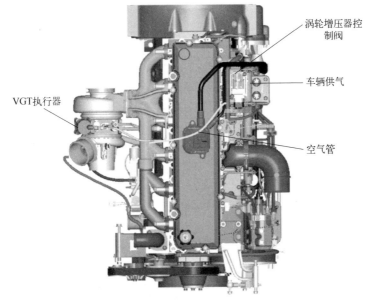

图 7-6-1　可变截面式涡轮增压器（VGT）

可变截面式涡轮增压器具有标准涡轮增压器的功能，它补充了下列部件（图7-6-2）。
① 轴承座中的转速传感器1，用来监测涡轮增压器的运转情况。
② 滑动喷嘴2由连接至车辆（制动器）空气供应系统的气动执行器驱动。
③ 气动执行器3由空气控制阀4控制，接收供气罐5的空气。
④ 当可变截面式涡轮增压器机构开启，可听到空气从执行器3释放到控制阀4的声音。
⑤ 除机油润滑外，还配备了水冷式轴承座。

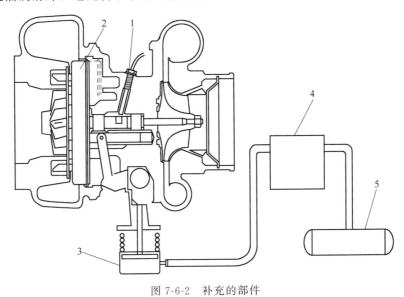

图 7-6-2　补充的部件

1—转速传感器；2—滑动喷嘴；3—气动执行器；4—空气控制阀；5—供气罐

正常情况下，涡轮增压器会发出"呜呜"声，其强度随发动机的转速和负载而变化。声音是由极高速旋转的转子总成，以及在生产中采用的转子总成平衡方法综合引起的。全速时声音更大。气动执行器在点火开关接通位置时也会发出轻微的漏气声。

涡轮增压器控制阀（图7-6-3）用于调节进入VGT执行器的空气压力。通过调节空气压力，滑动喷嘴的位置可以根据发动机工作状态而改变（图7-6-4）。涡轮增压器控制阀不需要空气切断阀。当点火开关接通时，可能听到涡轮增压器控制阀中有轻微的空气泄漏的声音。

图 7-6-3　涡轮增压器控制阀

经过涡轮增压器控制阀调节的空气压力推动VGT执行器（图7-6-4）控制杆伸出，使滑动喷嘴向涡轮增压器内部移动。执行器内的弹簧将使执行器控制杆在空气压力消失后缩回。空气从涡轮增压器控制阀中流回。

VGT执行器包括一个活塞和一个回位弹簧

VGT执行器控制杆根据ECM发出的空气流量指令伸出和缩回

图 7-6-4　VGT 执行器

利用车辆制动系统中的压缩空气可以连续地控制滑动喷嘴的位置，喷嘴位置在打开和关闭位置之间无级可变（图7-6-5）。

涡轮为水冷、机油润滑（图7-6-6）。供水管从涡轮增压器底部进入，从顶部引出。

涡轮增压器控制阀和涡轮增压器执行器中间的空气管从气门室盖顶部穿过（图7-6-7），短的柔性软管连接在涡轮增压器控制阀上。

涡轮转速传感器（图7-6-8）用于测量实际的涡轮转速。涡轮转速用于保护涡轮，避免超速，同时用于计算增压器出口温度。

涡轮增压器进口温度传感器（图7-6-9）。测量进入涡轮的空气温度，ECM利用此数值计算出增压器出口温度。它用于废气旁通式涡轮增压器和可变截面式涡轮增压器，适用于不同长度的引线插头。

涡轮增压器出口温度可利用涡轮转速、增压压力和进口温度计算，该值用于避免损坏增压器。

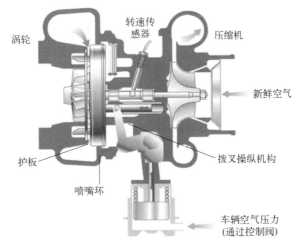

图 7-6-5　滑动喷嘴的位置

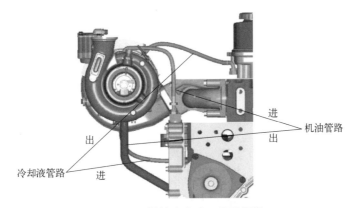

图 7-6-6　涡轮为水冷、机油润滑

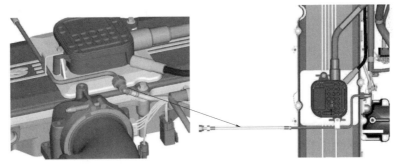

图 7-6-7　空气管的位置

图 7-6-8　涡轮转速传感器的位置

图 7-6-9　涡轮增压器进口温度传感器的位置

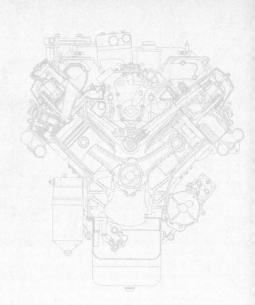

第 **8** 章

东风康明斯D6.7 柴油发动机

8.1

康明斯 D6.7 柴油发动机技术参数

以 D6.7NS6B260 发动机为例：D 表示东风康明斯，6.7 表示排量（L），NS 表示系列代号，6B 表示国六 B 排放标准，260 表示功率（马力❶）。

一般技术参数

项目	参数	项目	参数
气缸排列形式	直列六缸	最大输出功率	191kW
额定转速	2300r/min	最大转矩转速	1000～1700r/min
最大转矩	1000N·m	发动机排放	满足国六
发动机排量	6.7L		

润滑系统技术参数

① 机油压力：低怠速时（最小允许值）为 69kPa；额定转速时（最小允许值）为 304kPa。

② 机油调节阀开启压力范围为 488～519kPa。

③ 使旁通管打开的机油滤清器压差为 345kPa。

冷却系统技术参数

① 冷却液容量为 9.4L。

② 节温器标称温度为 82.2℃。

③ 节温器开启温度为 79.4～83.3℃。

④ 节温器全开温度为 95℃。

⑤ 节温器全开升程≥9.1mm。

---

❶ 1 马力=0.735kW。

⑥ 推荐的压力盖最低压力为 50kPa。

⑦ 最大允许工作温度（车用）：107℃ 报警；113℃ 停机。

⑧ 冷却液感应风扇控制器 1 挡接通断开：96℃ 开启；92℃ 关闭。

进、排气系统技术参数

① 最大进气阻力：清洁的空气滤清器滤芯为 3.7kPa；脏的空气滤清器滤芯为 6.2kPa。

② 涡轮增压器出口处的最大背压：带 SCR 系统为 23kPa；不带 SCR 系统为 5kPa。

③ 通过空空中冷器的最大允许压降为 13kPa。

④ 大气和发动机进气之间的最大温升为 15℃。

8.2
康明斯 D6.7 柴油发动机结构与特点

D6.7 发动机具有以下特点：180MPa 高压共轨系统，提高燃烧效率，燃油经济性进一步提升；采用 SS 启停技术，可在怠速状态停机，大幅节省怠速油耗，从而降低专用车油耗；轻量化设计，部分零件采用高强度复合材料，自重轻，运营效率更高；智能油耗管理系统综合考量车辆行驶需求、自重与路况，提供更优化的油耗管理方案；转矩提升明显，爬坡能力提升；发动机的底部匹配缸体加强板，在增强主体强度的同时降低发动机振动噪声，增强驾乘体验；水泵、机油泵、后处理系统等部件模块化集成设计，故障率低，提高整体可靠性；优化的活塞环结构及涂层材料，减少零件摩擦功，提升零件耐磨性能，延长零件使用寿命；康明斯专利 iBrake 发动机缸内制动技术，安全可靠，更经济。

（1）缸体

带有加强筋的龙门式铸铁缸体（图 8-2-1），刚性好，降噪效果好，缸套。缸孔损坏后可加工一次（扩大 0.5mm），同时使用加大的活塞和活塞环，配合维修底部安装缸体加强板。

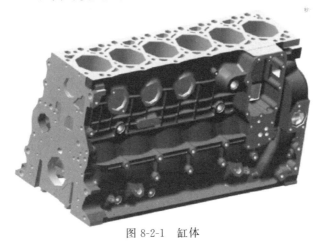

图 8-2-1　缸体

（2）曲轴和主轴承

整体自平衡的钢制曲轴，所有主轴颈都经过感应淬硬（图 8-2-2）。曲轴前端定位销用于减振器安装的定位。曲轴前齿轮只用于驱动机油泵。后齿轮驱动凸轮轴、高压燃油泵和附件。齿轮如有损坏，必须更换整根曲轴。如图 8-2-2 所示，钢背铝合金主轴承，上瓦和下瓦不可互换（"UPR"表示为上瓦；"LWR"表示为下瓦；"STD"表示标准厚度的瓦）。360°安装的止推轴承，安装在第六主轴颈。提供维修用加大尺寸的主轴承。

图 8-2-2 主轴承和止推轴承

（3）连杆和连杆轴承

连杆采用斜切口断面设计。在加工过程中，采用断裂工艺使连杆盖与连杆分开。斜切口使连杆宽度更小，且断面产生更大的接触面积，提供更大的夹紧负荷。连杆和连杆盖是配对的，不可互换。错误的配合会损坏连杆。必须注意保护和清洁连杆与连杆盖的接触面。连杆流水号位于连杆长侧，连杆和连杆盖上的流水号必须对应，以保证连杆的正确安装（图 8-2-3）。

采用钢背铝合金连杆轴承。上、下瓦使用不同的铝合金材料，零件号不同（图 8-2-4）。上瓦具有更好的抗疲劳强度，下瓦具有更好的嵌入性。加大尺寸轴承用于服务维修。

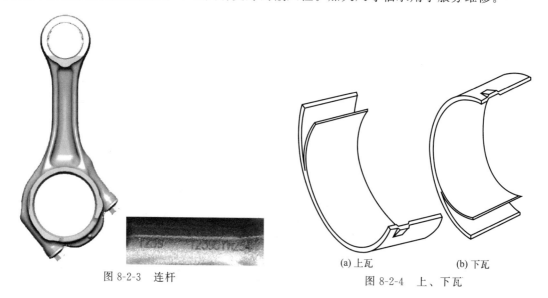

图 8-2-3　连杆

(a) 上瓦　　　　　　(b) 下瓦

图 8-2-4　上、下瓦

（4）活塞和活塞环

新型活塞（图 8-2-5）的材质和铸造工艺都有改进。燃烧室减小；活塞裙部减重；油道位置上移，降低温度，增加避让坑（适用 iBrake）；密封效果更好，降低机油消耗，更耐磨。

第一道气环（图 8-2-6）为梯形截面，表面镀铬，安装时 TOP 标记朝上；第二道气环（图 8-2-7）为方形截面，表面镀铬，安装时 TOP 2 标记朝上；油环（图 8-2-8）带衬环。

（5）活塞连杆总成

组装并安装活塞和连杆总成时，必须保证部件的方位正确（图 8-2-9），活塞头部的箭头标记必须朝向发动机前端，连杆大头的长端 1 和活塞裙部的缺口 2 应朝向发动机排气侧。

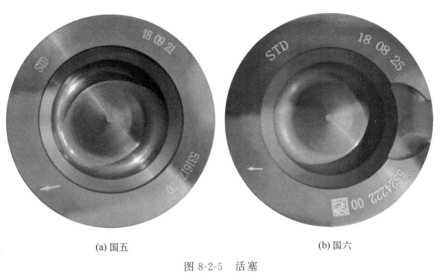

(a) 国五   (b) 国六

图 8-2-5 活塞

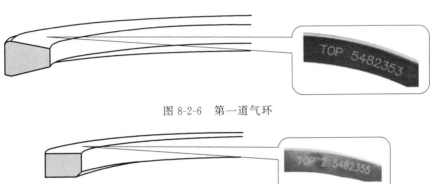

图 8-2-6 第一道气环

图 8-2-7 第二道气环

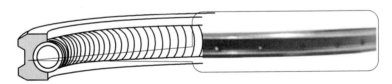

图 8-2-8 油环

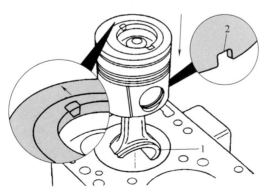

图 8-2-9 活塞连杆总成
1—连杆大头的长端；2—活塞裙部的缺口

（6）活塞冷却喷嘴

采用 J 形活塞冷却喷嘴（图 8-2-10），用空心的凸肩螺钉固定在缸体上，由专用的缸体油道供应润滑油（图 8-2-11）。拆卸活塞和连杆总成之前，必须先拆下活塞冷却喷嘴，以防止磕碰造成的损坏。

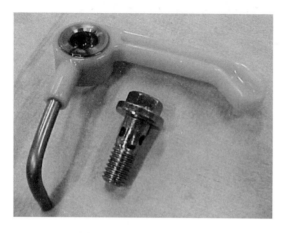

图 8-2-10　活塞冷却喷嘴

图 8-2-11　由专用的缸体油道供应润滑油

（7）凸轮轴和凸轮轴齿轮

选装 iBrake 功能的发动机凸轮轴（图 8-2-12），其零件号不同。凸轮轴齿轮用螺栓固定在凸轮轴后端。凸轮轴止推片位于凸轮轴齿轮固定法兰和缸体之间。必须保证曲轴和凸轮轴的正确正时（曲轴齿轮上有一个特殊的齿，端面加工成斜面；凸轮轴齿轮上有一个在两齿之间的孔）。凸轮轴位置信号轮（图 8-2-13）用螺栓固定在凸轮轴前端。

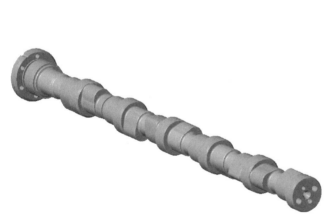

图 8-2-12　凸轮轴

图 8-2-13　凸轮轴位置信号轮

（8）凸轮轴衬套

凸轮轴衬套安装在发动机缸体前后两个凸轮轴轴孔内，中间轴孔没有衬套，出现故障时可以镗大轴孔，使用标准的凸轮轴衬套进行维修（图 8-2-14）。

（9）挺柱和推杆

凸轮的位移通过挺柱和推杆传递到摇臂。挺柱为菌形平板式设计（图 8-2-15），挺柱中心偏离凸轮中心，凸轮轴转动时使挺柱转动。机油从摇臂沿推杆向下至挺柱。

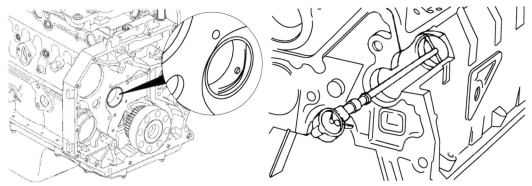

图 8-2-14 凸轮轴衬套

（10）缸盖

单件式铸铁、横流式设计，每缸四气门。缸盖上集成了进气歧管、节温器壳体、内部冷却液旁通水道。如果气门深度和喷油器凸出量可以保持在技术规范内，则可以重修缸盖表面；如果无法保持技术规范，则必须更换缸盖（图 8-2-16）。

（11）气门

进气门与排气门外形尺寸一样，可以通过底部凹坑的大小进行识别（图 8-2-17）。进气门底部凹坑要小于排气门凹坑。排气门底部凹坑用油漆进行标记。进气门底部的锥角小于排气门底部的锥角（图 8-2-18）。拆除气门前，必须做标记，以确保安装时能装回原位。

（12）气门导管、气门座圈、气门油封、气门弹簧

气门座圈如图 8-2-19 所示。改进气门座圈材质，提升抗磨能力。气门导管与缸盖是一体的，与缸盖一起铸造、加工出来，不可维修。顶帽式气门油封（图 8-2-20），利用气门弹簧将其固定就位。进、排气门使用相同的油封。

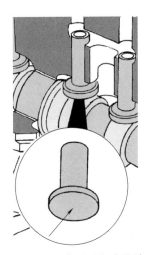

图 8-2-15 菌形平板式设计

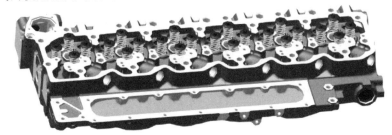

图 8-2-16 缸盖

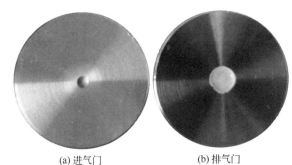

(a) 进气门　　　(b) 排气门

图 8-2-17 识别气门

（13）摇臂

安装在一个共用的摇臂轴上。从摇臂轴中的孔中接受压力机油的润滑。

安装时排气摇臂轴的凹槽标记与摇臂上的凸起位于一侧，朝向排气侧。进气摇臂无特殊标记。

（14）曲轴箱呼吸装置

曲轴箱呼吸管连接摇臂室盖与后齿轮室壳体。曲轴箱废气通过曲轴箱呼吸管，

(a)进气门

(b)排气门

图 8-2-18　气门底部锥角

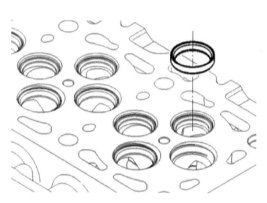
图 8-2-19　气门座圈

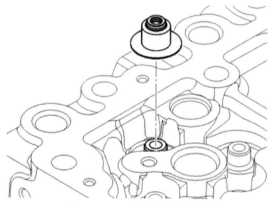
图 8-2-20　顶帽式气门油封

机油压力开关端口

图 8-2-21　前齿轮室盖

由摇臂室进入后齿轮室、通风管。曲轴箱呼吸管内部有一个单独的回油管，废气中被分离的机油通过回油管流回后齿轮室、曲轴箱。

（15）前齿轮室盖

前齿轮室盖（图 8-2-21）中集成了前曲轴油封、机油压力开关、凸轮轴转速/位置传感器、曲轴转速/位置传感器。

安装时为了确保缸体上未使用的安装孔 2 不会影响到密封连接点，在安装孔中填满密封胶（图 8-2-22）。需要核实油道口 1 为敞开的（没有碗形塞）。

（16）发动机 iBrake 制动器特点

6.7L 排量发动机上首次安装 iBrake 系统，为整车提供额外的制动力，提高车辆制动安全性。集成在排气摇臂上，结构简单，性能可靠。相同转速下，iBrake 制动的功率远高于排气制动的功率。

注意事项：无挂或空载时，禁止使用 iBrake 制动器；雨天或湿滑路面行驶时，禁止使用 iBrake 制动器；整车停机前，需关闭 iBrake 功能；发现制动器失效，立即关闭发动机。

iBrake 制动器工作条件（图 8-2-23）：iBrake 制动器开关打开；离合器开关打开；制动踏板处于释放状态；水温高于 65℃。

iBrake 制动器工作原理（图 8-2-24）：采用压缩制动，不向气缸喷油并且在压缩行程后期打开排气门，如果不打开排气门，被压缩的气体会像弹簧一样将在压缩行程中吸收的能量，在做功行程重新释放出来。

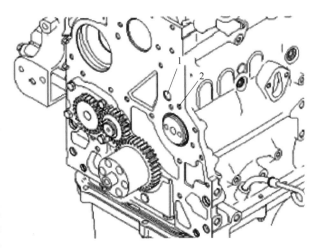

图 8-2-22　缸体上的安装孔与油道口
1—油道口；2—安装孔

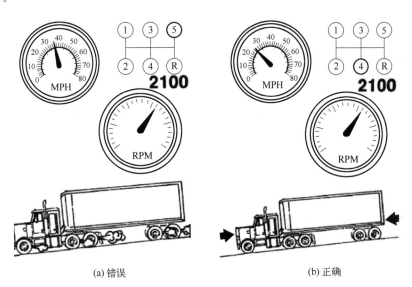

(a) 错误　　　　　　　　(b) 正确

图 8-2-23　iBrake 制动器工作条件

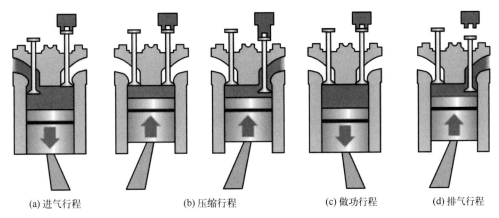

(a) 进气行程　　　(b) 压缩行程　　　(c) 做功行程　　　(d) 排气行程

图 8-2-24　iBrake 制动器工作原理

8.3
康明斯 D6.7 柴油发动机冷却系统

（1）冷却水泵

皮带由发动机曲轴驱动。外部漏水孔，指示密封件泄漏。泵的后部与缸体形成一体。

注意，漏水孔处发现有少量化学物堆积或出现条纹是正常现象，不能作为更换水泵的依据。如果在工作状态下观察到泄漏，则更换水泵（图8-3-1）。

（2）节温器

节温器（图8-3-2）将发动机冷却液温度控制在合适的范围。当冷却液温度低于开始开启温度时，节温器关闭，冷却液不经散热器而是通过冷却液旁通管直接流向水泵入口。当冷却液温度高于完全开启温度时，节温器完全打开，封闭冷却液旁通管，使冷却液全部流向散热器。

图 8-3-1　水泵

图 8-3-2　节温器

注意，不得运行不带节温器的发动机。没有节温器，冷却液阻力最小的通路就是通过旁路流入水泵进口，这会导致发动机过热。

（3）压力盖

压力盖可防止冷却液沸腾并确保冷却系统的密封性。在规定压力范围内应密封良好，否则必须更换。

注意，不要从热发动机上打开散热器压力盖，应等冷却液温度降至50℃以下时再打开，否则高温冷却液或蒸汽喷出可能会造成人身伤害。

8.4
康明斯 D6.7 柴油发动机润滑系统

（1）油底壳

新型设计，金属油底壳（图8-4-1）。有标准油底壳（17.5L）和加大油底壳（26L）两种。前置或后置油底壳以满足不同应用的安装需求。油底壳密封垫可重复使用。需要在缸体和后壳之间的 T 形接合处施加额外的密封胶。可以选装浸入式机油加热器。

（2）机油泵

齿轮泵，由曲轴前齿轮驱动，安装到缸体中一个机械加工孔中，飞溅润滑（图8-4-2）。

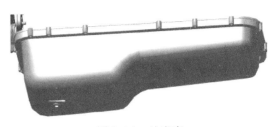

（3）机油冷却器

机油冷却器芯有 8 片板，机油冷却器盖如图 8-4-3 所示。

图 8-4-1　油底壳

（4）机油滤清器

机油滤清器座及机油滤清器如图 8-4-4 所示。改进滤清器垫材质，增加滤芯面积，从而实现长换油周期。滤芯介质均匀连续、吸附量大、无黏结剂。

图 8-4-2　机油泵

图 8-4-3　机油冷却器盖

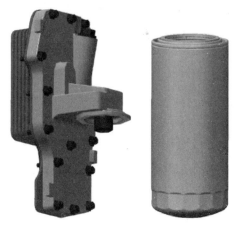

图 8-4-4　机油滤清器座及机油滤清器

（5）机油压力调节阀

当机油压力高于设定值时，机油压力调节阀打开，露出泄油孔，使部分机油流回油底壳（图 8-4-5）。

（6）机油滤清器旁通阀

机油滤清器旁通阀（图 8-4-6）有两个功能：当机油滤清器前后的压差超过设定值时，旁通阀开启，允许机油绕过滤清器直接润滑发动机；在低温环境下冷启动时（机油温度较低），保证足够的机油润滑发动机，并避免机油滤清器滤芯被压垮。

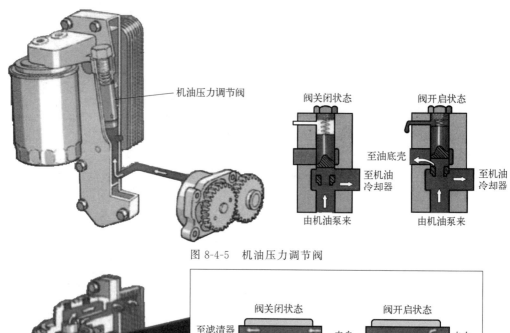

图 8-4-5　机油压力调节阀

图 8-4-6　机油滤清器旁通阀

8.5

康明斯 D6.7 柴油发动机燃油系统

　　康明斯柴油发动机的共轨燃油系统是一种高压共轨喷油系统，燃油油轨储存燃油喷射所需的加压燃油。ECM 在点火开关接通时向电子燃油输油泵（位于 ECM 后面）供电约 30s，以确保加注燃油系统。常开燃油泵执行器接收来自 ECM 的 PWM 信号执行开启或关闭操作，以此响应来自燃油油轨压力传感器的信号。喷油器具有独立的电磁阀。ECM 向每个喷油器独立供电，从而为每个气缸供油。

　　燃油泵可分为四个相对独立的总成，分别是燃油齿轮泵、燃油泵执行器壳体、凸轮轴壳体和高压燃油泵。燃油流过齿轮泵，流经压力侧滤清器，进入燃油泵执行器壳体。部分燃油通过放气管接头持续回流。计量燃油通过燃油泵执行器进入高压燃油泵，在此燃油被加压到油轨压力，然后从高压出口流出，再流入燃油油轨（图 8-5-1）。

　　齿轮泵由凸轮轴通过内部联轴器驱动，凸轮轴用锥形滚柱轴承安装在凸轮轴壳体内，支承凸轮轴的轴承，以及挺杆、滚轮和凸轮轴本身都由发动机机油润滑。

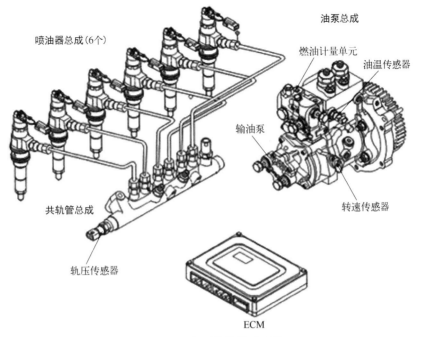

喷油器总成(6个)

油泵总成

燃油计量单元

油温传感器

输油泵

共轨管总成

转速传感器

轨压传感器

ECM

图 8-5-1　高压共轨燃油系统

发动机启动注油的主要目的是为齿轮泵提供压力，以便柴油发动机可以迅速启动。点火开关接通后，电子输油泵只运转 30s，用来注满燃油系统。当电子输油泵安装后清器内部没有燃油时，需要反复转动点火开关五六次，以注满压力侧滤清器。电子输油泵在向无油系统注油时性能并不好，因此更换压力侧滤清器时，应在里面预先注满清洁燃油。

发动机 ECM 的背面是冷却板（图 8-5-2），ECM 的冷却通过板中通道流过的燃油来实现，该燃油回路与启动注油回路为并联关系。如果没有 ECM 的冷却板单向阀，当输油泵没有运转时，燃油将一直在 ECM 冷却板内部循环，单向阀在安装时可能受损，当诊断和排除功率低和性能故障时，检查单向阀有无损坏或碎片。如果单向阀损坏，在齿轮泵进口处可以测量到高燃油入口阻力。

图 8-5-2　ECM 冷却板总成

高压减压阀安装在共轨管上，如果燃油压力超过减压阀触发压力，轨压将被控制住，多余燃油将回流到回油管。如果高压减压阀打开，将产生故障代码，表示出现压力过调量。如果控制系统仍能保持压力控制，此阀门将在瞬间压力中断后复位，然后继续正常工作。

8.6
康明斯 D6.7 柴油发动机进、排气系统

D6.7 发动机进、排气系统主要由进气加热器，涡轮增压器，空空中冷器，进、排气节气门，进、排气歧管等组成（图 8-6-1）。

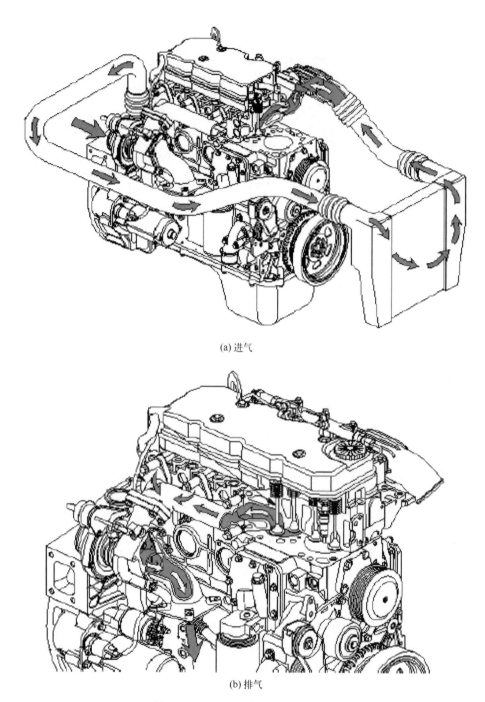

(a) 进气

(b) 排气

图 8-6-1　D6.7发动机进、排气系统

（1）进气加热器

ECM通过继电器控制进气加热器（图8-6-2）。点火开关通电，如果温度低于设定值，ECM给继电器加电，进气加热器开始预热，"等待启动"指示灯亮。预热完成后，"等待启动"指示灯熄灭。启动电机盘车时，进气加热器断电，以保证其所需的大电流。启动成功后，如果进气歧管温度仍低于设定值，ECM会命令进气加热器加热，以减少白烟。

图 8-6-2　进气加热器

（2）进气弯头

为确保进气管路连接正确，在安装过程中需确保 TOP 标记朝上（图 8-6-3）。

（3）进气节气门

进气节气门靠近进气盖板（图 8-6-4）。根据工况决定进气量需求，以满足发动机热管理的需要，从而降低 NO_x 的排放。安装时确保定位销对正，防止影响阀的精度或蒸汽冷凝。维修时绝不允许用直接向节气门执行器通电的方式测试蝶阀是否正常工作。可以用溶剂清洁节气门执行器（但不要将其浸入溶剂中），然后用压缩空气吹干。

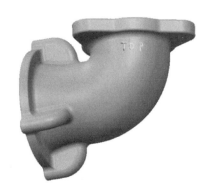

图 8-6-3　TOP 标记朝上

图 8-6-4　进气节气门安装位置

（4）排气节气门

排气节气门（图 8-6-5）安装在涡轮增压器涡轮端出口处，通过定位销固定。ECM 控制排气节气门执行器蝶阀，限制排气量。通过在低转速低负荷工况下调节排气量，产生泵气功，从而提高排气温度，使后处理系统升温。

（5）排气歧管

一体式排气歧管如图 8-6-6 所示。用带隔热套的排气管螺栓安装，增加了螺栓的夹紧力。排气信号管一端固定在缸盖上，另一端固定在排气管上。

图 8-6-5　排气节气门

图 8-6-6　排气歧管

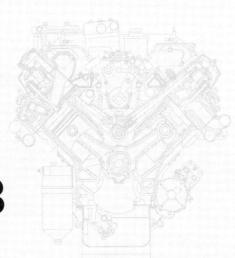

第9章

东风康明斯ISZ13
柴油发动机

9.1
康明斯 ISZ13 柴油发动机的识别

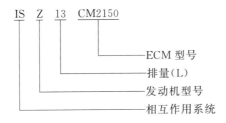

```
IS  Z  13  CM2150
              └──────── ECM 型号
          └──────────── 排量(L)
       └─────────────── 发动机型号
└──────────────────────── 相互作用系统
```

9.2
康明斯 ISZ13 柴油发动机技术参数

ISZ43051 发动机参数

项　目	参　数	项　目	参　数
适配范围	牵引车	进气形式	增压中冷
气缸数	6	燃料种类	柴油
气缸排列形式	直列	排量	13L
排放标准	满足国五	最大输出功率	316kW
额定转速	1900r/min	最大转矩转速	1000～1400r/min
最大转矩	2000N·m	发动机形式	SCR
全负荷最低油耗	186g/(kW·h)	每缸气门数	4个
缸径×行程	130mm×163mm		

ISZ46051 发动机参数

项　目	参　数	项　目	参　数
适配范围	牵引车	进气形式	增压中冷
气缸数	6	燃料种类	柴油
气缸排列形式	直列	排量	13L
排放标准	满足国五	最大输出功率	338kW
额定转速	1900r/min	最大转矩转速	1100～1300r/min
最大转矩	2330N·m	发动机形式	SCR
全负荷最低油耗	186g/(kW·h)	每缸气门数	4个
缸径×行程	130mm×163mm		

ISZ48051 发动机参数

项　目	参　数	项　目	参　数
适配范围	牵引车	进气形式	增压中冷
气缸数	6	燃料种类	柴油
气缸排列形式	直列	排量	13L
排放标准	满足国五	最大输出功率	353kW
额定转速	1900r/min	最大转矩转速	1100～1300r/min
最大转矩	2330N·m	发动机形式	SCR
全负荷最低油耗	186g/(kW·h)	每缸气门数	4个
缸径×行程	130mm×163mm		

ISZ50051 发动机参数

项　目	参　数	项　目	参　数
适配范围	牵引车	进气形式	增压中冷
气缸数	6	燃料种类	柴油
气缸排列形式	直列	排量	13L
排放标准	满足国五	最大输出功率	353kW
额定转速	1900r/min	最大转矩转速	1100～1300r/min
最大转矩	2460N·m	发动机形式	SCR
全负荷最低油耗	186g/(kW·h)	每缸气门数	4个
缸径×行程	130mm×163mm		

ISZ52051 发动机参数

项　目	参　数	项　目	参　数
适配范围	牵引车	进气形式	增压中冷
气缸数	6	燃料种类	柴油
气缸排列形式	直列	排量	13L
排放标准	满足国五	最大输出功率	382kW
额定转速	1900r/min	最大转矩转速	1100～1300r/min
最大转矩	2460N·m	发动机形式	SCR
全负荷最低油耗	186g/(kW·h)	每缸气门数	4个
缸径×行程	130mm×163mm		

ISZ56051 发动机参数

项　目	参　数	项　目	参　数
适配范围	牵引车	进气形式	增压中冷
气缸数	6	燃料种类	柴油
气缸排列形式	直列	排量	13L

项　　目	参　　数	项　　目	参　　数
排放标准	满足国五	最大输出功率	412kW
额定转速	1900r/min	最大转矩转速	1100～1300r/min
最大转矩	2500N·m	发动机形式	SCR
全负荷最低油耗	186g/(kW·h)	每缸气门数	4个
缸径×行程	130mm×163mm		

9.3
康明斯ISZ13柴油发动机结构与特点

（1）缸体

缸体为内置凸轮轴的直列式六缸设计，由灰铸铁制成（图9-3-1），内置有后齿轮系。

（2）连杆

连杆（图9-3-2）采用断面分裂式倾斜切口设计，有四个螺栓。其上钻有油道，可向活塞销供油。

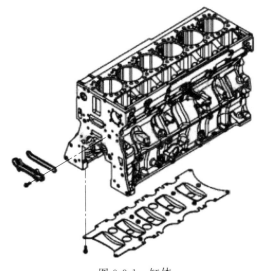

图9-3-1　缸体

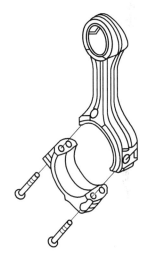

图9-3-2　连杆

（3）缸套与活塞

缸套采用中止式设计，经感应淬火处理。采用单件式活塞，带有活塞冷却喷嘴（图9-3-3）。

（4）前、后齿轮系

前齿轮系包括以下部件（图9-3-4）：凸轮轴齿轮；惰轮；空压机齿轮。

后齿轮系采用以下部件（图9-3-5）：凸轮轴齿轮；燃油泵齿轮；机油泵惰轮；惰轮（复合式）；曲轴齿轮；机油泵齿轮。

（5）缸盖组件

缸盖组件包括缸盖、气门、气门导管、气门杆密封、气门弹簧、气门弹簧挡圈、气门座圈等。

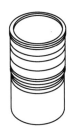

图9-3-3　缸套与活塞

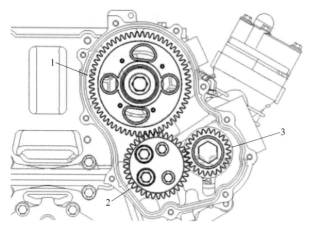

图 9-3-4　前齿轮系

1—凸轮轴齿轮；2—惰轮；3—空压机齿轮

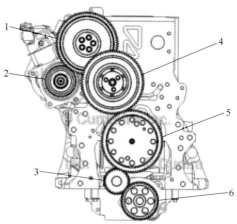

图 9-3-5　后齿轮系

1—凸轮轴齿轮；2—燃油泵齿轮；

3—机油泵惰轮；4—惰轮（复合式）；

5—曲轴齿轮；6—机油泵齿轮

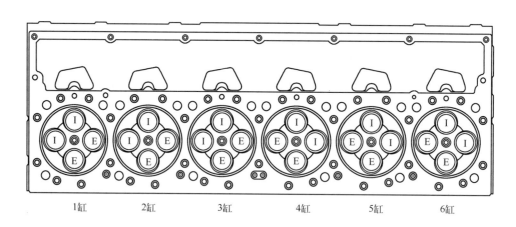

| 1缸 | 2缸 | 3缸 | 4缸 | 5缸 | 6缸 |

图 9-3-6　进气门和排气门模式

E—排气门；I—进气门

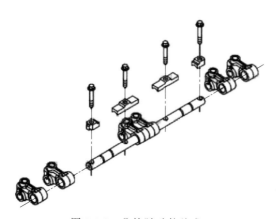

图 9-3-7　凸轮随动件总成

排气门能够承受的温度比进气门高。除材料不同外，进气门与排气门的尺寸和气门座角度也不同。进气门和排气门模式（如图9-3-6所示）。

（6）凸轮随动件总成

有两个同样的凸轮随动件总成（图9-3-7），前总成用于气缸 1～3，后总成用于气缸 4～6。凸轮随动件总成可以互换，凸轮随动件也可以互换。注意，轴采用不对称设计，轴的扁平端必须朝下以将其正确安装到缸体中。

9.4
康明斯 ISZ13 柴油发动机冷却系统

ISZ13 发动机采用单节温器设计，该节温器在 82℃ 时开启。水泵采用滤筒设计，可以作为一个整体维护，也可以单独维护滤筒（图 9-4-1）。散热器盖损坏或压力不正确，可造成冷却系统工作无效，引起气穴和过热现象（图 9-4-2）。

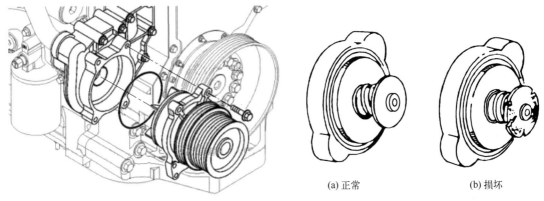

图 9-4-1　水泵

(a) 正常 　　　　　 (b) 损坏

图 9-4-2　散热器盖

冷却系统的功能是：从发动机部件上吸收热量；使发动机中的冷却液循环；通过散热器排热；通过节温器控制冷却液温度。配备自动变速器，采用传统冷却方式的发动机一般采用变矩器冷却器，冷却器连接在散热器和发动机水泵之间（图 9-4-3）。配备远程旁通阀的变矩器冷却系统使变矩器可以在节温器关闭（发动机冷机）时仍有冷却液流过（图 9-4-4）。

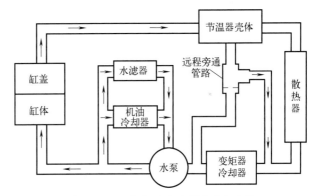

图 9-4-3　配备自动变速器的冷却系统

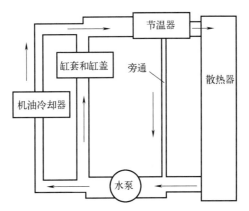

图 9-4-4　配备远程旁通阀的变矩器冷却系统

冷却液流向如图 9-4-5、图 9-4-6 所示。

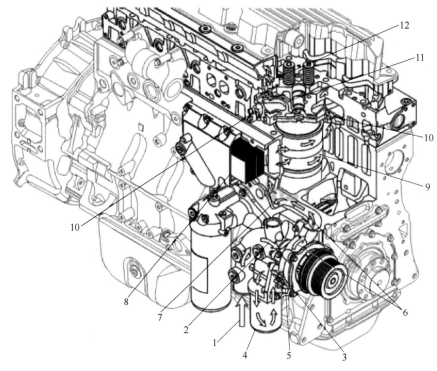

图 9-4-5　冷却液流向（一）

1—冷却液流出散热器；2—冷却液流至水泵；3—冷却液从水泵流至冷却液滤清器；

4—冷却液滤清器；5—冷却液从冷却液滤清器流至水泵；6—冷却液从水泵流至缸体；

7—冷却液流至机油冷却器；8—机油冷却器；9—冷却液环流流过气缸；

10—冷却液流至下缸盖；11—冷却液流至上缸盖；12—冷却液流至摇臂室

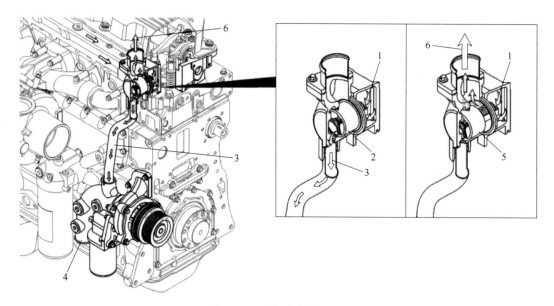

图 9-4-6　冷却液流向（二）

1—冷却液来自摇臂室；2—节温器关闭；3—冷却液从旁通管流至冷却液进口接头；

4—冷却液进口接头；5—节温器开启；6—冷却液流至散热器

9.5
康明斯 ISZ13 柴油发动机润滑系统

ISZ13 发动机润滑系统如图 9-5-1 所示。

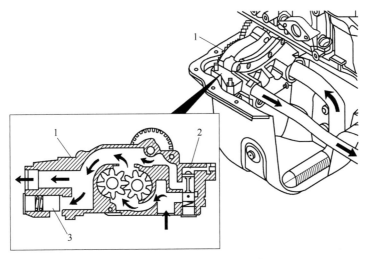

图 9-5-1　ISZ13 发动机润滑系统
1—机油泵；2—压力调节器；3—高压减压阀

发动机在寒冷气候下首次启动后，机油压力较高，通常为 689～827kPa。如果压力调节器柱塞工作正常，在达到发动机正常工作温度后，机油压力应降回至大约 414kPa。调压器处于闭合位置时（图 9-5-2），发动机在正常工作温度下具有较高的机油压力。

机油油位过高可引起机油压力低。如果油位高到运行时连杆浸入，机油会因混入气体而导致油压低（图 9-5-3）。

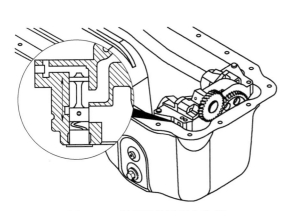

图 9-5-2　调压器处于闭合位置

图 9-5-3　机油油位过高

机油油位低通常不会表现为机油油压低，它通常表现为转弯或陡坡行驶时油压间歇性丧失。这种情况出现在油位极低，并且吸油管在所有工作模式下都无法吸取机油时（图 9-5-4）。

滤清器堵塞会导致油压逐渐丧失。当滤清器旁通阀开启时，油压将恢复正常。如果不予以纠正，则会导致发动机严重磨损，因为旁通阀开启时，发动机运转使用的是未经过滤的机

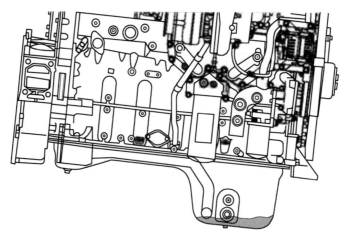

图 9-5-4　机油油位过低

逐渐损失　　　　突然返回到正常值　　　　更换

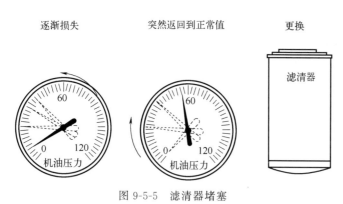

图 9-5-5　滤清器堵塞

油（图 9-5-5）。

吸油管松动、垫圈损坏或吸油管有裂纹，都可引起机油泵的暂时失效，发动机启动时油压偏低或无油压，随后油压正常。

油压长期持续下降可能是轴承磨损或机油泵磨损过度（图9-5-6）。

运行时，机油压力比冷却液压力高，机油冷却器的泄漏表现为机油进入冷却液（图 9-5-7）。

但是发动机停机后，冷却系统的残余压力可使冷却液从泄漏通道渗入机油。

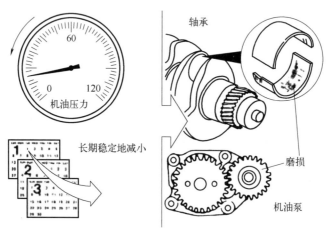

图 9-5-6　轴承磨损或机油泵磨损过度

涡轮增压器中的油封磨损或损坏也可使机油渗入中冷器，并在发动机中燃烧（图 9-5-8）。这种情况可通过拆下空气跨接管或空空中冷器管，并检查有无机油来核实。注意，如果发动机有过涡轮增压器故障，或者发生过机油进入空空中冷器的情况，必须清洗空空中冷器。

润滑油流向如图 9-5-9、图 9-5-10 所示。

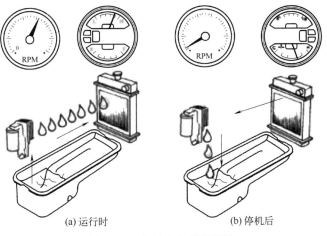

(a) 运行时　　　　　　　　(b) 停机后

图 9-5-7　机油冷却器的泄漏

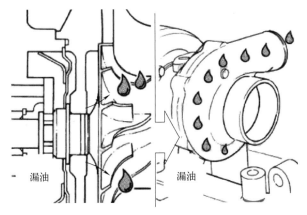

漏油　　　　　　　漏油

图 9-5-8　涡轮增压器的泄漏

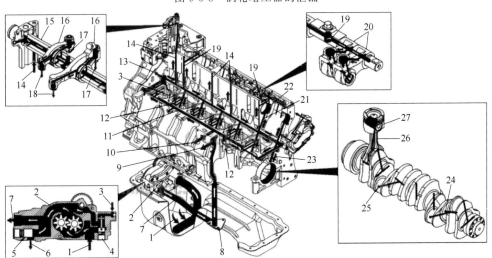

图 9-5-9　润滑油流向（一）

1—机油从油底壳流出；2—机油泵；3—从主油道输送的机油；4—机油压力调节器；5—高压减压阀；6—机油返回至油底壳；7—机油从油底壳至机油传输接头；8—机油流至缸体；9—机油流至滤清器座；10—机油流至主油道；11—机油主油道；12—活塞冷却喷嘴；13—机油流至后惰轮；14—机油流至顶置机构；15—摇臂轴；16—摇臂；17—机油流至推杆；18—机油流至跨接压板；19—机油流至凸轮随动件；20—凸轮随动件；21—机油流至凸轮轴；22—机油环流过凸轮轴；23—机油流至主轴承；24—曲轴主轴颈；25—曲轴连杆轴颈；26—连杆；27—机油环流流过活塞销

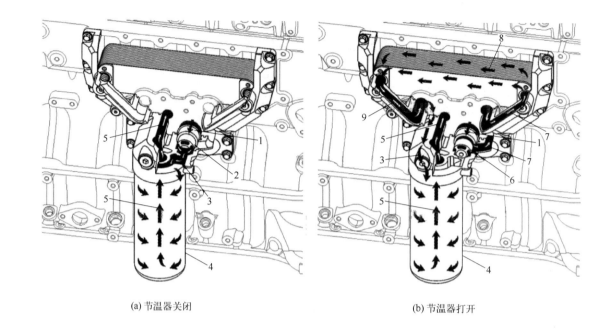

(a) 节温器关闭　　　　　　　　　　　　　(b) 节温器打开

图 9-5-10　润滑油流向（二）

1—机油从油底壳流出；2—机油节温器关闭；3—机油经机油滤清器座流至机油滤清器芯；
4—机油滤清器；5—机油流至主油道；6—机油节温器打开；7—机油流向机
油冷却器；8—机油流至机油冷却器芯；9—机油流至机油滤清器座

9.6
康明斯 ISZ13 柴油发动机燃油系统

　　ISZ13 发动机燃油流向如图 9-6-1 所示。

　　拧紧燃油接头螺母时，高压燃油接头压着喷油器体（图 9-6-2）。喷油器供油管则连接至高压燃油接头。如果在安装高压接头之前喷油器没有完全入位，则连接处不会密封。此连接处的扭矩和紧固顺序很关键。如果螺母没有拧紧，将不能密封并会导致高压燃油泄漏。如果螺母过度拧紧，接头和喷油器将变形并导致高压燃油泄漏。此泄漏在缸盖内部，不能被看到。结果将出现故障代码、功率降低或无法启动。

　　高压共轨燃油系统使用由电子控制模块（ECM）控制的电磁阀启动式喷油器。当电磁阀激活时，内部的针阀提升，燃油喷出。通过用电子方式控制喷油器，可以更准确地控制燃油供油量和供油正时。此外，还可通过电控喷油器实现多点喷射。

　　所有喷油器将燃油回流到缸盖内共用的回油孔中，通过此油道和连接到缸盖后部的共用回油管，所有多余的燃油返回到油箱。单向阀位于连有回油管的缸盖后部。此共用回油管还可使燃油从高压减压阀和高压燃油泵回油。

　　发动机需要两个燃油滤清器。两个滤清器均安装在共用滤清器座总成中。吸油侧燃油滤清器要将水分离出去，就必须安装燃油含水传感器，否则将出现故障代码，报警指示灯也将点亮（图 9-6-3）。如果燃油中混入了水分，需更换压力侧燃油滤清器。

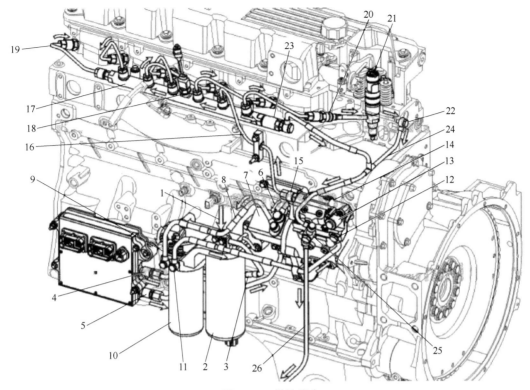

图 9-6-1　燃油流向

1—由油箱供油；2—吸油侧燃油滤清器/油水分离器；3—吸油侧燃油滤清器出口（7μm）；4—ECM 冷却板入口；5—ECM 冷却板出口；6—齿轮泵入口；7—齿轮泵；8—齿轮泵出口；9—压力侧燃油滤清器入口；10—压力侧燃油滤清器（3μm）；11—压力侧燃油滤清器出口；12—高压燃油泵入口；13—燃油泵执行器；14—高压燃油泵；15—高压燃油泵出口；16—燃油油轨供油管；17—燃油油轨；18—燃油压力传感器；19—高压喷油器供油管路；20—高压燃油接头；21—燃油喷油器；22—喷油器回油单向阀（空心型）；23—高压减压阀；24—通用回油管；25—燃油泵回油接头；26—燃油返回油箱

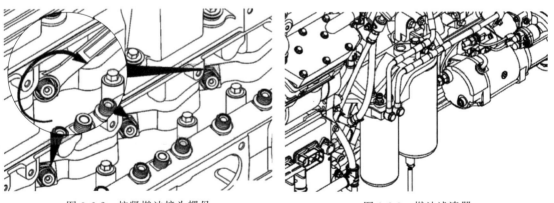

图 9-6-2　拧紧燃油接头螺母　　　　　图 9-6-3　燃油滤清器

康明斯 ISZ13 柴油发动机进、排气系统

ISZ13 发动机的进、排气系统包括空气滤清器、进气管、涡轮增压器、空空中冷器管

路、空空中冷器、排气歧管、进气加热器。空气经空气滤清器进入涡轮增压器，再经空空中冷器、进气加热器（如适用）后被压入进气歧管，最后从进气歧管被压入气缸中，用于燃烧（图9-7-1）。随着涡轮增压器压缩吸入的空气，空气温度上升。接着该热空气通过空空中冷器进行冷却。冷空气密度更大，这样可以有更多的空气被压入气缸，产生更高

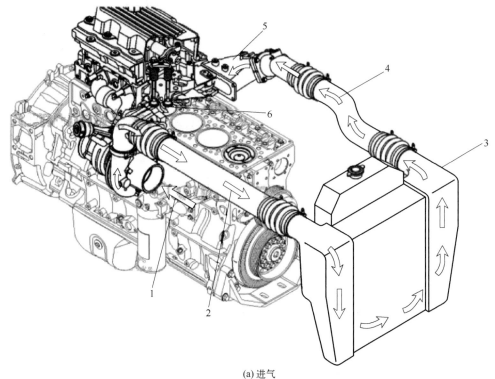

(a) 进气

1—空气进入涡轮增压器；2—涡轮增压器空气流至空空中冷器；3—空空中冷器；4—增压空气流至进气歧管；5—进气管接头；6—进气门

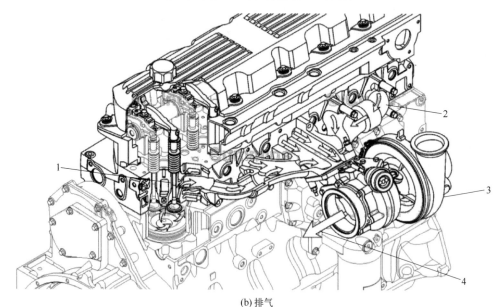

(b) 排气

1—废气从气缸排出；2—排气歧管；3—涡轮增压器；4—废气从涡轮增压器流出

图9-7-1　ISZ13发动机进、排气系统

的燃烧效率。

　　涡轮增压器（图9-7-2）利用排气能量转动涡轮，涡轮驱动压气机叶轮，向发动机提供用于燃烧的加压空气，提高发动机的输出功率。

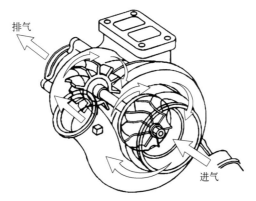

图 9-7-2　涡轮增压器

　　涡轮和压气机叶轮共用一根轴（即转子总成），它由轴承壳体内两个轴承支承。轴承座内的通道将经过滤加压的机油导入轴承。机油润滑和冷却旋转部件后，从轴承座经机油回油管流回发动机油底壳。

　　涡轮增压器上的废气旁通阀执行器由压力滤罐、膜片和杆组成。随着滤罐中压力的变化（由废气旁通阀控制器控制），执行器杆会相应地调整废气旁通阀（图9-7-3）。旁通阀开启，则废气旁通（绕过涡轮），降低进气歧管的压力。

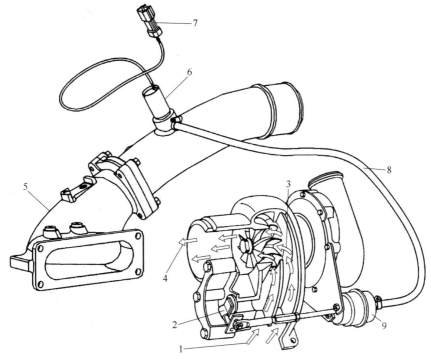

(a) 关闭(进气歧管压力低)

1—废气从排气歧管流出；2—废气旁通阀关闭；3—废气流过涡轮；4—涡轮增压气排气出口；
5—进气歧管；6—涡轮增压气控制阀；7—ECM线束上的接头；8—空气管；9—废气旁通阀执行器

图 9-7-3

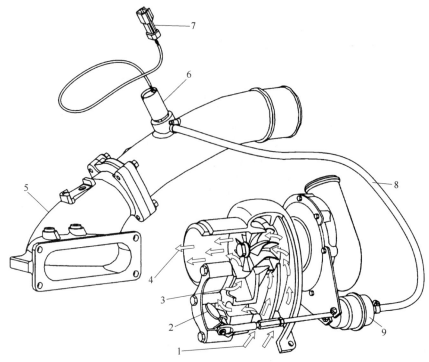

(b) 开启(进气歧管压力高)

1—废气从排气歧管流出；2—废气旁通阀开启；3—一些废气绕过涡轮；4—涡轮增压器排气出口；
5—进气歧管；6—涡轮增压器控制阀；7—ECM线束上的接头；8—空气管；9—废气旁通阀执行器

图 9-7-3　废气旁通阀工作状态

　　ISZ13 发动机在排气歧管接头处采用了滑动接头设计，允许排气歧管出现热膨胀而无损于其在高功率应用条件下的耐用性（图 9-7-4）。

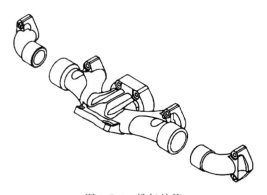

图 9-7-4　排气歧管

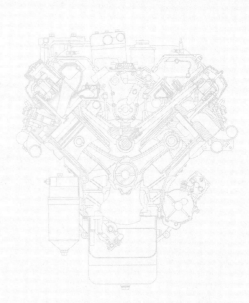

第10章

东风康明斯ISDe柴油发动机

10.1
康明斯 ISDe 柴油发动机技术参数

一般技术参数

项　　目		参　　数
发火顺序	四缸发动机	1-3-4-2
	六缸发动机	1-5-3-6-2-4
曲轴转动方向（从发动机前方看）		顺时针
排量	四缸发动机	4.5L
	六缸发动机	6.7L
最大超速能力（最大 15s）		4200r/min
减载发生前最高海拔		3048m
无辅助冷启动时的最低环境空气温度		−12.2℃
最低发动机拖动转速		150r/min
发动机怠速		600～800r/min
缸径×冲程		107mm×124mm
进气门间隙		0.254mm
排气门间隙		0.508mm
发动机排放		满足国四

冷却系统技术参数

项　　目		参　　数
冷却液容量（仅限于发动机）	4.5L 发动机	8.5L
	6.7L 发动机	10L
节温器调节范围		82～92℃
最低建议工作温度		71℃

润滑系统技术参数

项　　目			参　　数
最低允许机油压力	低怠速		69kPa
	额定转速		207kPa
机油调节阀开启压力范围			448~517kPa
打开旁通管的机油滤清器压差			345kPa
机油滤清器容量			0.95L
最高机油温度			138℃
机油容量	4.5L 发动机	悬挂式油底壳	仅油底壳	11L
			整个系统	13L
		铝制油底壳	仅油底壳	13L
			整个系统	15L
		高容量油底壳	仅油底壳	16L
			整个系统	18L
	6.7L 发动机	标准油底壳	仅油底壳	14.2L
			整个系统	16.7L
		悬挂式油底壳	仅油底壳	17.2L
			整个系统	19.7L
		高容量油底壳	仅油底壳	23.9L
			整个系统	26.4L

燃油系统技术参数

项　　目		参　　数
最大燃油进口阻力（齿轮泵）		50.7kPa
燃油油轨压力		25~160MPa
燃油滤清器两侧最大燃油压降（压力侧滤清器）		200kPa
最大燃油回流管阻力		19kPa
最高燃油进口温度		70℃
过滤精度	吸入侧滤清器	$10\mu m$
	压力侧滤清器	$5\mu m$

进气系统技术参数

项　　目		参　　数
最大进气阻力	干净的空气滤清器滤芯	254mm H_2O
	脏的空气滤清器滤芯	635mm H_2O
最小空空中冷器温差（进气歧管-环境空气）		21℃
最大空空中冷器压差		20.6kPa

注：1mmH_2O＝9.80665Pa。

排气系统技术参数

项　　目	参　　数
管道和消声器组合在一起的最大背压	3inHg
排气管尺寸（内径）	76mm

注：1inHg＝3.38638kPa。

10.2

康明斯 ISDe 柴油发动机结构与特点

10.2.1 缸体组件

(1) 曲轴、连杆轴承、主轴承、曲轴齿轮

图 10-2-1 所示为曲轴。连杆轴承下瓦没有变化，上瓦为双金属 AS16 轴承（图 10-2-2）。主轴承材质为 AS16（图 10-2-3）。前曲轴齿轮只驱动机油泵，后曲轴齿轮驱动凸轮轴齿轮。

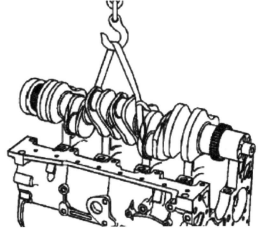

图 10-2-1　曲轴

图 10-2-2　连杆轴承

(2) 凸轮轴、挺杆、凸轮轴齿轮

铸铁凸轮轴，滑动挺杆，用螺栓固定凸轮轴齿轮（图 10-2-4）。

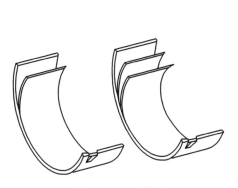

图 10-2-3　主轴承

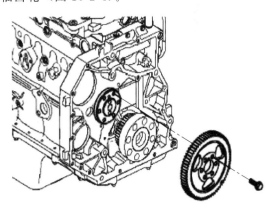

图 10-2-4　用螺栓固定凸轮轴齿轮

(3) 活塞、活塞销、活塞环、连杆

所有规格的发动机采用内冷却油道冷却活塞，活塞中的内部油道用于使 J 形活塞冷却喷嘴喷射的机油循环。活塞销偏置，以降低噪声。活塞环（图 10-2-5）顶环为梯形截面，有方向要求；中间环为方形截面，有方向要求；油环带衬环，无方向要求。连杆采用斜切口断面设计（图 10-2-6）。

(a) 上环

(b) 中环

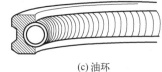
(c) 油环

图 10-2-5　活塞环

（4）缸体

铸造缸体采用带裙边的设计，带有加强筋，提高了强度并降低了噪声（图 10-2-7）。与传统的缸体不同，这种缸体采用了连接缸孔设计（图 10-2-8）。

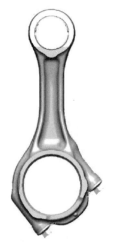
图 10-2-6　连杆

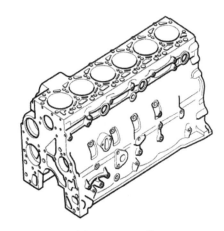
图 10-2-7　缸体

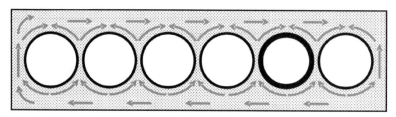
(a) 传统缸体

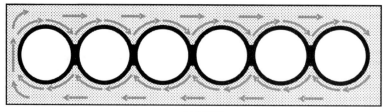
(b) 新缸体

图 10-2-8　连接缸孔设计

10.2.2　减振器

ISDe 4.5L 发动机可以只使用一个转速信号轮，或一个转速信号轮带一个橡胶减振器。ISDe 6.7L 发动机全部配备了转速信号轮和黏性减振器总成（图 10-2-9）。

10.2.3 电子控制模块（ECM）安装板

电子控制模块（ECM）安装板采用了空气冷却设计。它是一个尼龙安装板，采用了橡胶减振隔振垫，用于将电子控制模块（ECM）安装到缸体上。

10.2.4 缸盖组件

（1）缸盖

缸盖为单件式铸铁件，横流设计，每缸四气门。缸盖集成了进气歧管、节温器壳体、内部水旁通管。每缸四气门的设计使喷油器能够位于缸盖中间。

图 10-2-9 转速信号轮和黏性减振器总成

（2）气门和气门座圈

通过凹陷区分排气门与进气门（图 10-2-10）。气门座圈可以维修，并可提供加大尺寸的型号（图 10-2-11）。

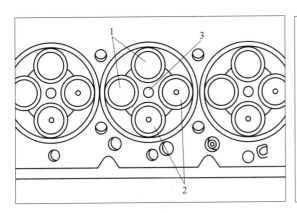

图 10-2-10 喷油器位于缸盖中间

1—进气门；2—排气门；3—喷油器

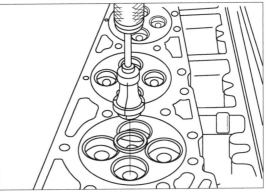

图 10-2-11 气门座圈

（3）气门导管和气门杆油封

采用了不可维修的整体铸造的气门导管，如果气门导管损坏，则必须更换缸盖。气门杆油封采用了顶帽式设计，利用气门弹簧将其固定到位。

进气门和排气门上采用了相同的气门杆油封（图 10-2-12）。

（4）缸盖密封垫

缸盖密封垫为全新的设计（图 10-2-13）。

（5）跨接压板

跨接压板（图 10-2-14）使摇臂能够同时推动排气门或进气门。跨接压板从摇臂和摇臂轴上的孔中接受机油润滑。跨接压板上的凸点（下面是椭圆孔）建议在安装时朝向发动机的排气侧。

图 10-2-12 气门杆油封

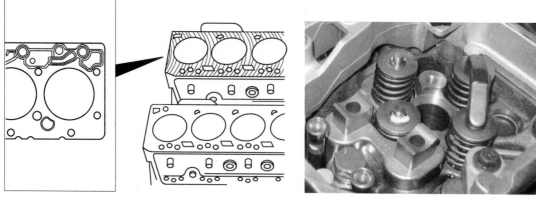

图 10-2-13　缸盖密封垫

图 10-2-14　跨接压板

10.2.5　摇臂组件

（1）顶置机构

安装了转速信号轮和黏性减振器总成的发动机带有 TDC 标记（图 10-2-15）。TDC 标记应在时钟 12 点的位置。转速信号轮和黏性减振器总成由定位销定位。

未安装减振器或者安装了橡胶减振器的四缸发动机，1 缸和 4 缸上止点的位置，是转速信号轮的缺口在时钟 5 点的位置。

（2）发动机转速信号轮

六缸发动机 1 缸和 6 缸在上止点时，或者四缸发动机 1 缸和 4 缸在上止点时转速信号轮的情况如图 10-2-16 所示。沿减振器顶部和底部的固定螺栓的中心画一条直线，盘动发动机直到这条线垂直，定位销处于时钟 9 点的位置。

图 10-2-15　TDC 标记

图 10-2-16　转速信号轮

（3）摇臂

摇臂（图 10-2-17）安装在一个共用的摇臂轴座上，从摇臂轴中的孔中接受压力机油的润滑。每个摇臂通过跨接压板推动两个气门。

每个摇臂上有两个孔：一个孔向推杆提供润滑油；另一个孔向气门杆提供润滑油。

（4）曲轴箱通风装置

曲轴箱通风装置如图 10-2-18 所示。

图 10-2-17 摇臂

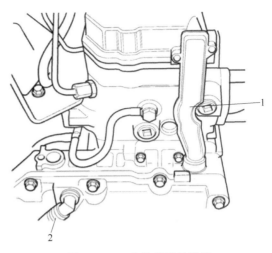

图 10-2-18 曲轴箱通风装置
1—曲轴箱呼吸器管道（定期保养）;
2—曲轴箱通风装置管道

10.3
康明斯ISDe柴油发动机冷却系统

（1）前发动机附件驱动装置

由皮带带动水泵带轮（图10-3-1）。

（2）皮带张紧器

皮带张紧器为驱动皮带提供自动张紧（图10-3-2）。在大多数应用类型中，张紧器还可以改变皮带的角度，以增强皮带在驱动带轮上的"缠绕"性。

图 10-3-1 由皮带带动水泵带轮

图 10-3-2 皮带张紧器

（3）节温器

流量增大的节温器如图10-3-3所示。

（4）水泵

水泵（图 10-3-4）由发动机曲轴驱动（通过皮带），外部漏水孔指示密封件的泄漏。泵的后部与缸体形成一体。

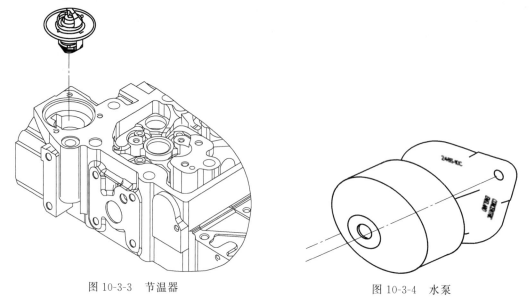

图 10-3-3　节温器　　　　　　　　　　图 10-3-4　水泵

（5）冷却液加热器

可提供两种冷却液加热器选择（图 10-3-5）：螺纹连接的冷却液加热器，位于机油冷却器附近；法兰安装的冷却液加热器，位于发动机排气侧后部的碗形塞孔中。

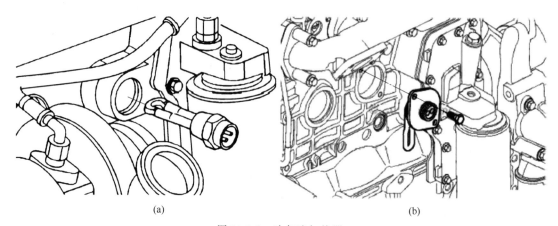

(a)　　　　　　　　　　　　　　(b)

图 10-3-5　冷却液加热器

10.4
康明斯 ISDe 柴油发动机润滑系统

（1）机油冷却器

四缸和六缸发动机机油冷却器之间的差异在于冷却板数量（图 10-4-1），四缸发动机机油冷却器芯有 7 块板，六缸发动机机油冷却器有 8 块板。

四和六发动机的机油流动相似，机油流入机油冷却器顶部，并从顶部流出。机油冷却器盖构成了机油流动通道（图 10-4-2）。旁通阀可以保护堵塞的滤清器。

图 10-4-1　机油冷却器芯

（2）机油泵

将机油泵（图 10-4-3）安装到缸体上的一个机械加工孔中（图 10-4-4）。曲轴前齿轮（图 10-4-5）驱动机油泵。

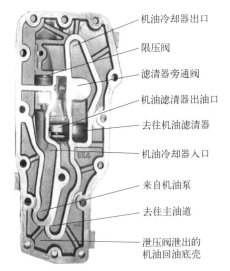

机油冷却器出口
限压阀
滤清器旁通阀
机油滤清器出油口
去往机油滤清器
机油冷却器入口
来自机油泵
去往主油道
泄压阀泄出的机油回油底壳

图 10-4-2　机油冷却器盖

图 10-4-3　机油泵

图 10-4-4　机油泵的安装孔

图 10-4-5　曲轴前齿轮

ISDe 发动机润滑油流向如图 10-4-6 所示。

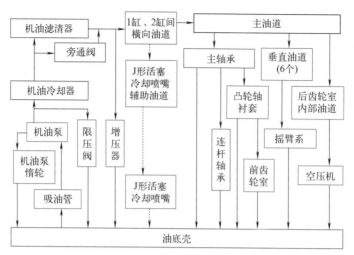

图 10-4-6　ISDe 发动机润滑油流向

10. 5
康明斯 ISDe 柴油发动机燃油系统

（1）燃油泵

燃油泵最高工作压力为 160MPa。高压燃油泵有两个不同的安装位置，可以安装在高位或低位。

（2）燃油泵执行器

燃油泵执行器如图 10-5-1 所示。相对于整个燃油泵总成，故障诊断步骤得到更新，以反映出何时应更换燃油泵执行器。

（3）燃油加热器

燃油加热器（图 10-5-2）不受电子控制模块（ECM）的控制，安装在预注泵（输油泵）滤清器座上。燃油加热器在低于大约 2℃时启动，在高于大约 24℃时关闭。

图 10-5-1　燃油泵执行器

图 10-5-2　燃油加热器

（4）燃油输油泵

ISDe发动机没有采用电机驱动的输油泵。手油泵用于预注燃油系统。它可以是远程安装的，或安装在发动机上。在发动机正常运转期间，安装在燃油泵上的齿轮泵将从油箱中吸取燃油。

（5）燃油管路组件

① 低压燃油管路　燃油系统的低压侧采用了快连燃油管，将齿轮泵出口连接至燃油滤清器座进口的燃油供油管，将燃油滤清器座出口连接至燃油泵进口的燃油供油管。

② 燃油回油管路　有来自燃油泵的燃油回油接头，有来自燃油油轨减压阀的燃油回油管，有来自缸盖背面的喷油器回油端口的燃油回油管。

③ 燃油滤清器座　如图10-5-3所示，燃油滤清器座和支架是独立的部件，支架固定到进气歧管盖上，滤清器座固定到滤清器支架上。

④ 燃油滤清器（压力侧）　压力侧燃油滤清器（5μm）负责过滤燃油泵上的齿轮泵的来油（图10-5-4）。

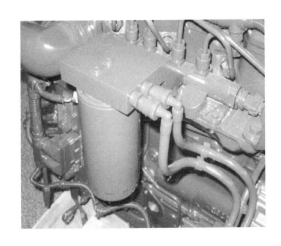

图 10-5-3　燃油滤清器座　　　　　　　图 10-5-4　燃油滤清器（压力侧）

⑤ 燃油滤清器（吸入侧）　预注泵（输油泵）燃油滤清器（10μm）/油水分离器位于燃油系统的吸油侧（图10-5-5），需要延长线束连接燃油含水传感器，可以预先注油。

预注时，用手扳动预注泵手柄，直到感觉到阻力不能再扳动为止（对于干滤清器，140～150次往复；对于预注满的滤清器，20～60次往复）。锁止手动预注泵手柄。拖动发动机，如果发动机在30s后没有启动，将点火开关转至OFF（断开）位置。再次扳动预注泵手柄，重复之前的步骤，直到发动机启动。

（6）燃油油轨

燃油油轨（图10-5-6）中含有来自燃油泵的高压燃油。燃油油轨上有燃油减压阀、燃油减压阀回油管、自燃油泵的高压燃油供油管接头、安装支架、喷油器供油管接头、燃油压力传感器。

（7）喷油器

喷油器固定器是喷油器的一部分，可以从喷油器上拆下（图10-5-7）。喷油器密封垫圈为铜制平垫圈（图10-5-8）。

ISDe发动机燃油流向如图10-5-9所示。

图 10-5-5　燃油滤清器（吸入侧）

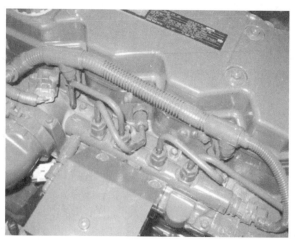

图 10-5-6　燃油油轨

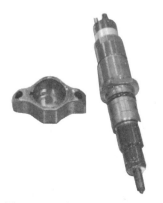

图 10-5-7　喷油器及其固定器

图 10-5-8　喷油器密封垫圈

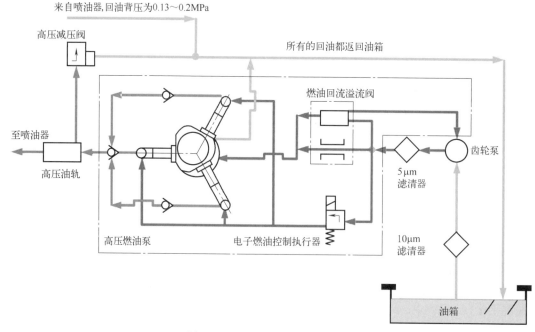

图 10-5-9　ISDe 发动机燃油流向

10.6
康明斯 ISDe 柴油发动机进、排气系统

进气加热器使用 24V 蓄电池电源，单继电器，ECM 控制预热循环和后热循环，安装在发动机进气弯头中，为发动机标准配置。

霍尔塞特涡轮增压器（图 10-6-1）为废气旁通式，蜗壳相对位置固定（不能调整）。

图 10-6-1　涡轮增压器

四缸发动机采用单件式歧管，六缸发动机采用两件式歧管。排气管螺栓安装时带有套管，可以改善性能、减少排气泄漏（图 10-6-2）。

图 10-6-2　带有套管的排气管螺栓

第11章

东风康明斯ISC 柴油发动机

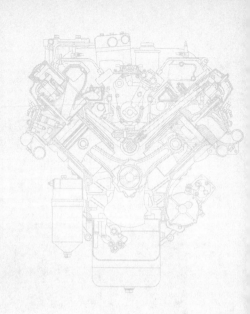

11.1

康明斯 ISC 柴油发动机技术参数

一般技术参数

项　　　目	参　　　数
发火顺序	1-5-3-6-2-4
曲轴转动方向(从发动机前方看)	顺时针
排量	8.3L
缸径×冲程	114mm×135mm
压缩比	约17∶1
进气门间隙	0.305mm
排气门间隙	0.559mm

冷却系统技术参数

项　　　目	参　　　数
冷却液容量(仅限于发动机)	11.1L
标准节温器调节范围	82～93℃
推荐的压力盖最小压力	48kPa
最小的加注率(无低液位报警)	19L/min
最大的排气时间	25min
最大的顶部水箱冷却液温度	100℃

润滑系统技术参数

项　　　目		参　　　数
机油压力	怠速时	69kPa
	额定转速时	207kPa
机油滤清器容量		3.78L
标准发动机油底壳机油容量		18.9L
系统总容量		22.7L
机油调压阀调节压力		517kPa

燃油系统技术参数

项　　目		参　　数
发动机最低启动转速		150r/min
最大燃油进口阻力	在燃油泵进口	254mmHg
	在电子输油泵进口	103mmHg
最小齿轮泵压力（拖动时）		69kPa
电子输油泵最小输出压力		35kPa
最大燃油回油管阻力		254mmHg

注：1mmHg=133.322Pa。

进、排气系统技术参数

项　　目		参　　数
最大进气阻力	干净的空气滤清器芯	254mmH$_2$O
	脏的空气滤清器芯	635mmH$_2$O
空空中冷器最大压差		152mmH$_2$O
最大排气背压（消声器）		76mmHg

注：1mmH$_2$O=9.80665Pa；1mmHg=133.322Pa。

11.2
康明斯 ISC 柴油发动机结构与特点

（1）缸体

缸体集成了机油冷却器壳、机油泵壳、水泵壳、节温器座（图 11-2-1）。其结构十分紧凑、简洁，具有可更换的湿式缸套。

（2）缸套

缸套采用中间止动定位，由一道 D 形密封圈密封缸套下部冷却液（图 11-2-2）。顶部与缸体孔过盈配合。

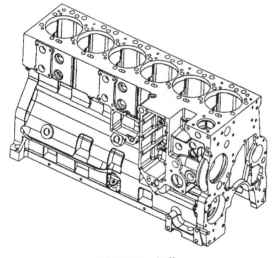

图 11-2-1　缸体

图 11-2-2　缸套

（3）活塞

铝质单件式活塞，顶部碗形燃烧室，三环结构（两气一油）。根据功率的不同，有三种不同热处理的铸造活塞（图 11-2-3）。

（4）连杆

连杆为工字形，大端为直切口、机械加工配合面（图 11-2-4）。

图 11-2-3　活塞

图 11-2-4　连杆

（5）曲轴

曲轴整体锻造，全部圆角淬火处理，并进行动平衡（图 11-2-5）。

图 11-2-5　曲轴

（6）凸轮轴及驱动齿轮

采用平头气门挺柱的凸轮轴。凸轮轴齿轮内侧一面具有 71 个齿的转速信号指示环和一个宽齿，用于确定发动机 1 缸活塞的位置（图 11-2-6）。

(a) 凸轮轴

(b) 驱动齿轮

图 11-2-6　凸轮轴及驱动齿轮

（7）24 气门缸盖

整体铸造，横流式设计，每缸 4 个气门，增大空气流量（图 11-2-7）。缸盖集成了进气道、喷油器回油道。

（8）气门

进、排气门底部外观有区别，锥角也不同（图 11-2-8）。

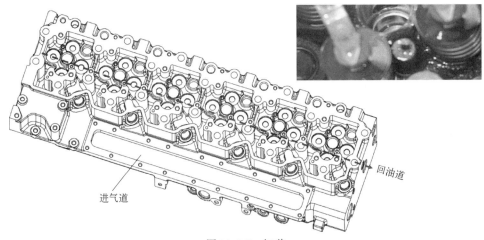

图 11-2-7　缸盖

回油道

进气道

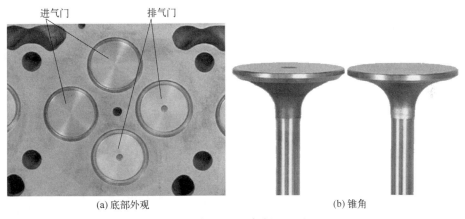

进气门　　排气门

(a) 底部外观　　　　　　　　　(b) 锥角

图 11-2-8　气门

（9）齿轮传动系

通过齿轮传动，燃油泵转速为发动机转速的一半（图 11-2-9）。

（10）气门室盖

整体的气门室盖（图 11-2-10），减少噪声，可选前端或后端机油加注口。

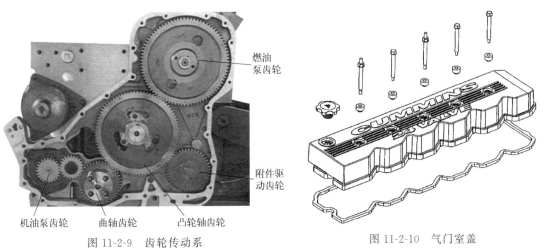

燃油泵齿轮

附件驱动齿轮

机油泵齿轮　　曲轴齿轮　　凸轮轴齿轮

图 11-2-9　齿轮传动系

图 11-2-10　气门室盖

11. 3
康明斯 ISC 柴油发动机冷却系统

（1）带传动装置

皮带张紧轮安装：延长皮带寿命、安装位置一致、增大功率、改善对中（图 11-3-1）。

（2）节温器

单个节温器如图 11-3-2 所示，取消节温器座。

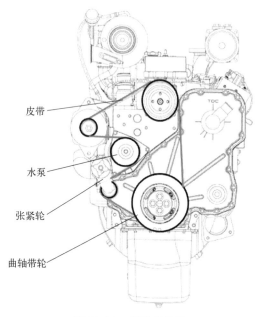

皮带

水泵

张紧轮

曲轴带轮

图 11-3-1　带传动装置

图 11-3-2　节温器

11. 4
康明斯 ISC 柴油发动机润滑系统

（1）机油泵

高容量的转子式机油泵，位于缸体前端，由曲轴前齿轮驱动（图 11-4-1）。

图 11-4-1　机油泵

（2）调压阀、旁通阀

机油冷却器壳体上安装有调压阀和旁通阀（图 11-4-2）。

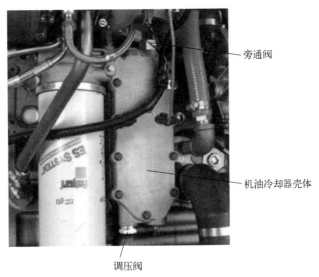

图 11-4-2　调压阀和旁通阀

11.5
康明斯 ISC 柴油发动机燃油系统

康明斯蓄能泵燃油系统（CAPS）的组成如图 11-5-1 所示。其基本特征如下：燃油泵设

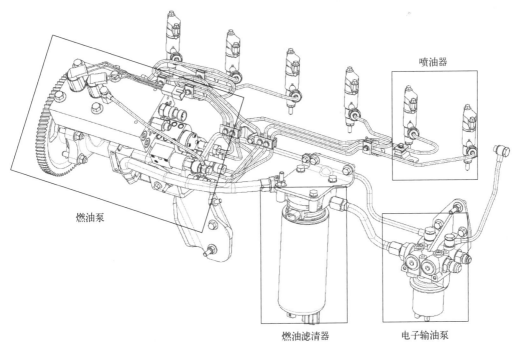

图 11-5-1　康明斯蓄能泵燃油系统（CAPS）的组成

有三个电磁阀，实现供油量、喷油正时和喷油压力的电子控制；峰值喷油压力、喷油压力与发动机转速无关；紧凑的模块化设计；电子控制低压输油泵。

电子输油泵（图11-5-2）的工作由ECM控制。当点火开关处于ON时，无论发动机是否运转，电子输油泵仅连续工作30s，从油箱吸取燃油向燃油泵提供初始燃油，并排除燃油管路中的空气。如需要额外的燃油供应，可断开点火开关后再接通，电子输油泵又工作30s。30s后发动机工作过程所需的燃油由燃油泵上的齿轮泵从油箱吸取。

燃油泵由四个可更换的模块组成：齿轮泵模块，向凸轮轴壳体模块供应低压燃油；凸轮轴壳体模块，将燃油加压为高压，控制燃油压力；蓄能器模块，储存高压燃油，供喷射用；喷油控制阀及配油器模块，喷油控制阀控制向配油器供应的高压燃油，后者分配燃油到各个喷油器。另外，还包含ECM控制的两个泵油控制阀（PCV）和一个喷射控制阀（ICV））（图11-5-3）。

图11-5-2　电子输油泵

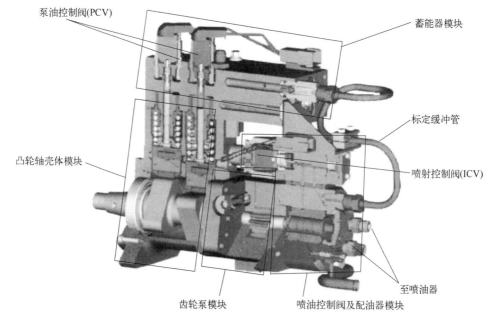

泵油控制阀(PCV)　　蓄能器模块

标定缓冲管

凸轮轴壳体模块　　喷射控制阀(ICV)

至喷油器

齿轮泵模块　　喷油控制阀及配油器模块

图11-5-3　燃油泵

11.6
康明斯 ISC 柴油发动机进、排气系统

（1）进气歧管

整体进气歧管（图11-6-1）内可选装格栅加热器，由ECM全电子控制加热，提高冷启动可靠性和减少冒白烟。

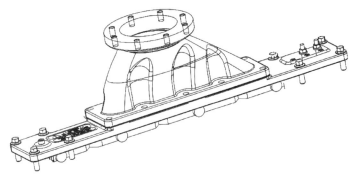

图 11-6-1　整体进气歧管

（2）增压器

配备废气旁通阀的涡轮增压器可以满足发动机性能的需要（图 11-6-2）。

（3）排气歧管

两段式排气歧管（图 11-6-3）。排气螺栓套管可以增加紧固效果，改善性能，减少泄漏，降低排气管螺栓热应力。

图 11-6-2　增压器

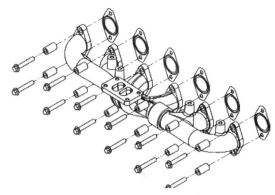

图 11-6-3　排气歧管

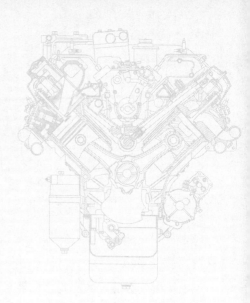

第12章

东风康明斯ISBe
柴油发动机

12.1
康明斯 ISBe 柴油发动机技术参数

一般技术参数

项　　目		参　　数
缸径×冲程		102mm×120mm
排量	四缸发动机	3.9L
	六缸发动机	5.9L
压缩比		17.0∶1
发火顺序	四缸发动机	1-3-4-2
	六缸发动机	1-5-3-6-2-4
曲轴转动方向（从发动机前方看）		顺时针
进气门间隙		0.254mm
排气门间隙		0.508mm
进气门极限间隙		0.152～0.381mm
排气门极限间隙		0.381～0.762mm

燃油系统技术参数

① 油轨压力为 25～140MPa。

② 经过燃油滤清器的最大压降为 200kPa。

③ 燃油最大回油阻力为 -30～80℃。

润滑系统技术参数

① 机油压力：低怠速时（最低允许值）为 69kPa；额定速度时（最低允许值）为 207kPa。

② 标准发动机机油容量：四缸发动机仅限油底壳为 11L，系统总容量为 13L，高油位至低油位（机油标尺上的刻度）为 2.1L；六缸发动机仅限油底壳为 17.5L，系统总容量为 19.5L，高油位至低油位（机油标尺上的刻度）为 2.5L。

③ 机油温度为 120℃。

冷却系统技术参数

① 冷却液容量：四缸发动机为 8.5L；六缸发动机为 10L。

② 标准节温器调节范围为 85～95℃。

③ 允许的最高工作温度为 100℃。

④ 推荐的最低工作温度为 71℃。

12.2
康明斯 ISBe 柴油发动机结构与特点

高压共轨电控燃油系统自由设定喷油时间，油量完全电控，在全转速范围内燃油高压喷射，喷油方式灵活（喷油压力可调，可实现预喷），可实现全转速范围内及全负荷范围内最佳燃烧状态，可获得更好的燃油经济性、更好的冷启动性能，无加速黑烟、白烟，具有更好的低速性能，低速排放状况好，噪声低。

每缸四气门，喷油器位于燃烧室中央，整体式进气歧管，嵌入式的气门座，多层钢质气缸盖衬垫，重载式的两段排气歧管，缸盖上有节温器室，两片独立的摇臂盖，具有快速反应的曲轴箱通风，优化高效燃烧，排放物中颗粒物及氮氧化物含量低，防泄漏设计，重负荷下耐久性强，加强了冷却控制，噪声低，维修方便。

高强度的油底壳，内部框架阶梯式结构，密封的挺柱盖，六缸机配有 360°止推轴瓦，四缸机可选 360°止推轴瓦，噪声大幅降低，转矩大大增加，消除可能的泄漏点，改进了离合器卸载功能，匹配了单片离合器，免漏的密封，隔离了噪声。

12.3
康明斯 ISBe 柴油发动机冷却系统

ISBe 发动机冷却液流向如图 12-3-1 所示。

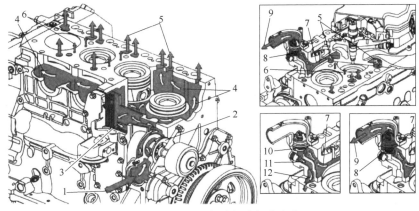

图 12-3-1　ISBe 发动机冷却液流向

1—冷却液入口；2—水泵叶轮；3—冷却液流过机油冷却器；4—冷却液流过气缸；5—冷却液从缸体流入缸盖；
6—冷却液在气缸之间流动；7—冷却液流入节温器壳体；8—冷却液旁通路线；9—冷却液流回散热器；
10—旁路打开；11—冷却液在缸盖中旁通；12—冷却液流回水泵入口

水泵用齿形带驱动。水泵壳与气缸体铸成一体，节温器壳体与气缸盖铸成一体。装配前，将密封垫装入水泵的凹槽中。

12.4
康明斯 ISBe 柴油发动机润滑系统

ISBe 发动机润滑油流向如图 12-4-1～图 12-4-4 所示。

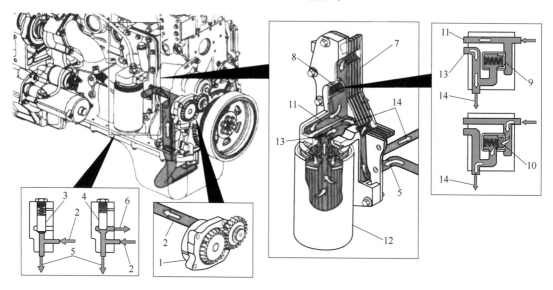

图 12-4-1　机油滤清器润滑油流向

1—齿轮式机油泵；2—来自机油泵；3—调压阀关闭；4—调压阀打开；5—至机油冷却器；6—至机油泵入口；7—机油冷却器；8—滤清器旁通阀；9—滤清器旁通阀关闭；10—滤清器旁通阀打开；11—至机油滤清器；12—全流式机油滤清器；13—来自机油滤清器；14—主油道

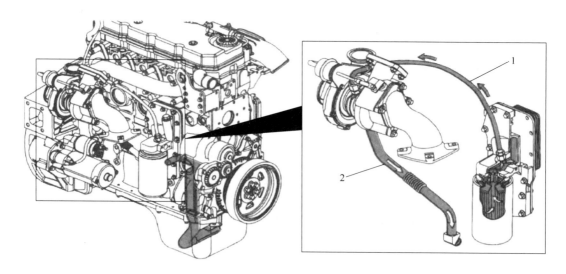

图 12-4-2　涡轮增压器润滑油流向

1—涡轮增压器机油供给；2—涡轮增压器机油回流

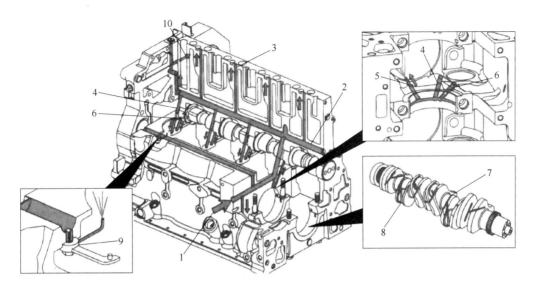

图 12-4-3　动力部件润滑油流向

1—来自机油冷却器；2—主油道；3—至气门；4—来自主油道；5—至活塞冷却喷嘴；6—至凸轮轴；
7—曲轴主轴颈；8—至连杆轴瓦的机油；9—定向活塞冷却喷嘴；10—至空压机的内部润滑油路

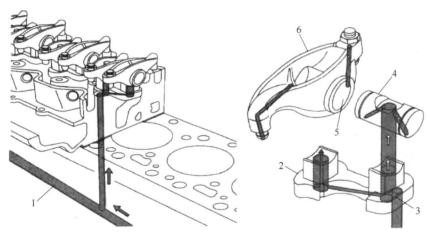

图 12-4-4　顶置机构零部件润滑油流向

1—主油道；2—摇臂支座；3—输油槽；4—摇臂轴；5—摇臂轴孔；6—摇臂

　　齿轮式机油泵由曲轴前齿轮驱动，曲轴齿轮为 36 齿，机油泵惰轮为 22 齿，机油泵齿轮为 24 齿。传动比为 1.5：1。在 4200r/min 条件下的流量：四缸为 50.16L/min；六缸为 79.8L/min。

　　四缸发动机与六缸发动机机油冷却器芯的区别是散热片的数量不同，四缸发动机机油冷却器芯有 5 片散热片，六缸发动机有 7 片。四缸发动机和六缸发动机的润滑油路是类似的，润滑油从机油冷却器的顶部流入从其底部流出。机油冷却器盖中有润滑油的通路。旁通阀可在滤清器堵塞的情况下（压差超过 50psi❶ 起保护作用。机油调压阀可在压力达 75psi 时释放泵压。

---

❶　1psi＝6894.76Pa。

12.5
康明斯 ISBe 柴油发动机燃油系统

ISBe 发动机燃油流向如图 12-5-1 所示。

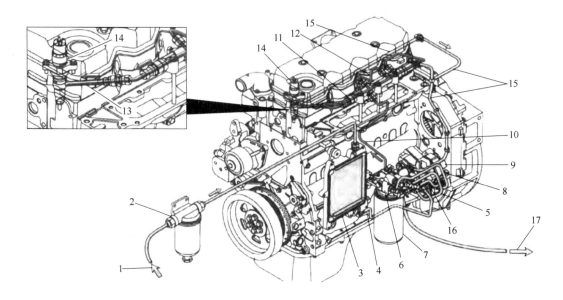

图 12-5-1　ISBe 发动机燃油流向

1—来自油箱；2—油水分离器（可能没有安装在发动机上）；3—ECM 冷却板；4—至燃油齿轮泵；
5—至燃油滤清器；6—燃油滤清器座；7—燃油滤清器；8—至高压燃油泵；9—高压燃油泵；
10—至燃油油轨；11—燃油油轨；12—至喷油器；13—高压连接件；14—喷油器；15—来自喷油
器和油轨的燃油流回燃油滤清器座；16—来自高压燃油泵的燃油流回燃油滤清器座；17—至油箱

　　燃油从油箱进入油水分离器，再通过燃油滤清器。进入齿轮泵，产生 6～9bar❶ 的压力，最终经高压燃油泵将燃油压力提升至 300～1400bar。只有要进行喷射的燃油才会被加压，喷射所需的燃油量是由 ECM 通过泵中的计量阀，即电子燃油控制阀来调节的。达到喷射压力的燃油通过高压油管输送到高压共轨。

　　高压共轨是锻造部件，位于进气歧管上方。高压共轨设有过压失灵保护装置，即释放压力设定在 1650bar 的一个弹簧减压阀，如果出现压力过高的情况，减压阀会将燃油释放到回油管中以减小压力。ECM 通过轨压传感器来监控油压。

12.6
康明斯 ISBe 柴油发动机进、排气系统

ISBe 发动机进、排气系统如图 12-6-1 所示。

---

❶　1bar＝0.1MPa。

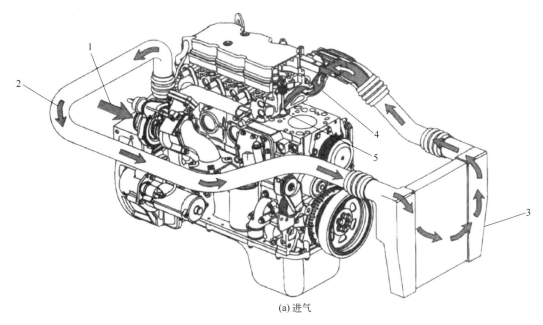

(a) 进气

1—空气进入涡轮增压器；2—经过涡轮增压器的空气进入空空中冷器；
3—空空中冷器；4—进气歧管(缸盖的一部分)；5—进气门

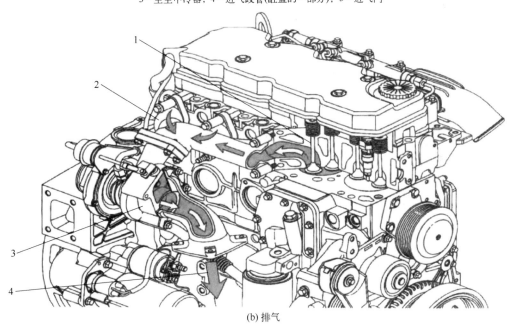

(b) 排气

1—排气门；2—排气歧管；3—涡轮增压器；4—涡轮增压器废气出口

图 12-6-1　ISBe 发动机进、排气系统

第13章

福田康明斯ISF2.8系列柴油发动机

13.1
康明斯 ISF2.8 系列柴油发动机技术参数

一般技术参数

项　目	参　数	项　目	参　数
发动机形式	直列四缸,直喷式	发火顺序	1-3-4-2
进气方式	增压中冷	曲轴旋向	顺时针
缸径×冲程	94mm×100mm	每缸气门数	4
发动机排量	2.8L		

冷却系统技术参数

　　① 冷却液容量为6L。

　　② 节温器调节范围为82～95℃。

　　③ 出水口最高允许温度为107℃。

　　④ 建议的最低工作温度为71℃。

　　⑤ 推荐的压力盖最低压力为100kPa。

润滑系统技术参数

　　① 机油压力:低怠速时（最低）为69kPa;额定转速时（最低）为321kPa。

　　② 机油滤清器容量为0.436L。

　　③ 标准发动机的机油容量（仅油底壳）为5.0L。

　　④ 高低油位标记之间（机油标尺上）机油量为1L。

　　⑤ 最高机油温度为136℃

燃油系统技术参数

　　油轨压力控制值为25～160MPa。

13.2
康明斯 ISF2.8 系列柴油发动机结构与特点

（1）缸体

缸体（图13-2-1）材料为灰铸铁，缸套使用与缸体相同的材料。刻蚀设计，用材更少，强度更高。如果发生损坏或磨损，不能修复气缸。

（2）主轴承

除4号主轴颈外，其余每个主轴颈上的主轴瓦都相同。4号主轴颈上装配了一个止推轴瓦。上主轴瓦有一个孔，用于接收来自主油道的润滑油（图13-2-2）。检查主轴承盖，如有损坏，必须更换缸体总成。

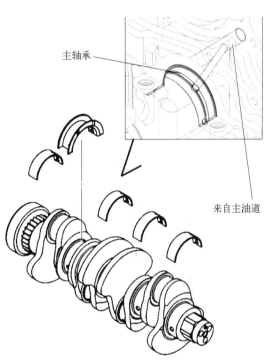

主轴承

来自主油道

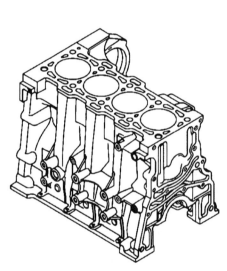

图 13-2-1　缸体

图 13-2-2　主轴承

（3）曲轴和曲轴齿轮

曲轴（图13-2-3）由锻钢制成，并进行了动平衡。曲轴前端有一个用于驱动机油泵的一体式齿轮。第二个曲轴齿轮组装在曲轴的后端。后端齿轮驱动惰轮，惰轮驱动燃油泵齿轮和顶置凸轮轴链条的链轮。两个曲轴齿轮中任何一个损坏，都必须更换整个曲轴。

（4）连杆

连杆采用断面直剖式设计（图13-2-4），在加工过程中，采用断裂工艺使连杆盖与连杆分开。连杆断面表面非常脆弱，取放时必

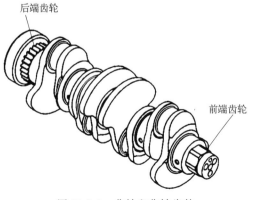

后端齿轮

前端齿轮

图 13-2-3　曲轴和曲轴齿轮

须特别小心：拆卸活塞连杆时，不可磕碰，连杆盖不能安装到其他连杆上，连杆盖不能装错方向。连杆小头采用斜切加工（图 13-2-5），提供额外的支承面。连杆小头不通过内部的机油油道润滑。

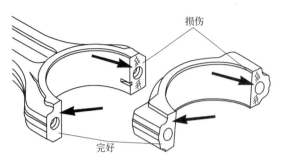

图 13-2-4 断面直剖式连杆

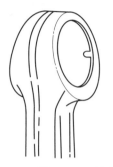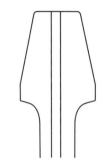

图 13-2-5 连杆小头采用斜切加工

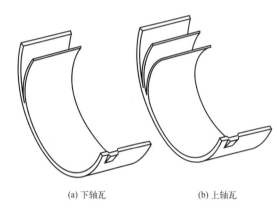

(a) 下轴瓦   (b) 上轴瓦

图 13-2-6 连杆轴承

（5）连杆轴承

ISF2.8 系列发动机使用了两种连杆轴瓦（图 13-2-6）：连杆下轴瓦采用双金属涂层；连杆上轴瓦采用三金属涂层。

ISF2.8 系列发动机连杆轴承为一次性使用，一经拆卸，与连杆螺栓一样必须废弃。

（6）活塞总成

连接活塞和连杆的活塞销采用全浮式中空的活塞销。组装并安装活塞和连杆总成时，关键是保证部件的方位正确。ISF2.8系列发动机不需要进行活塞分级。"E"和"AN"发动机使用相同的活塞和活塞环。活塞环的类型和安装位置可通过活塞环的外形识别（图 13-2-7）。注意，第一、第二道气环有

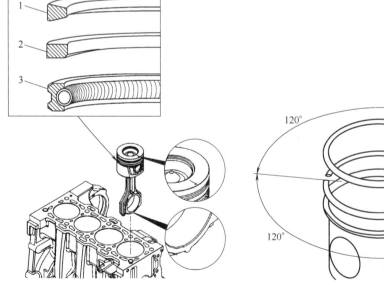

图 13-2-7 活塞总成及活塞环
1—顶环（气环）；2—中间环（气环）；3—油环

TOP 标志，安装时 TOP 标志朝上。

（7）活塞冷却喷嘴

ISF2.8 系列发动机使用 J 形活塞冷却喷嘴，其位于缸体内部进气侧（图 13-2-8），机油由缸体排气侧的油道供应。喷嘴向活塞底面供应机油，活塞头部中铸有冷却油道，活塞销和轴颈由来自喷嘴的机油飞溅润滑（图 13-2-9）。注意，活塞冷却喷嘴不得磕碰、跌落。

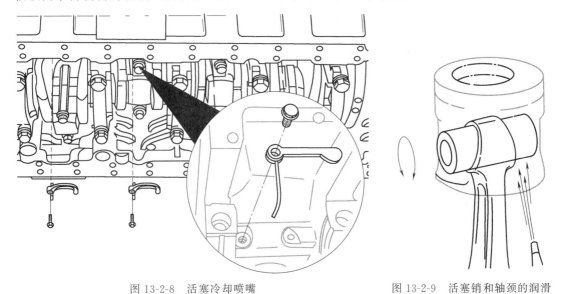

图 13-2-8　活塞冷却喷嘴　　　　　　　　图 13-2-9　活塞销和轴颈的润滑

（8）前齿轮室盖

前齿轮室盖（图 13-2-10）内含机油泵、机油滤清器座、曲轴前油封、机油压力开关、曲轴转速传感器。

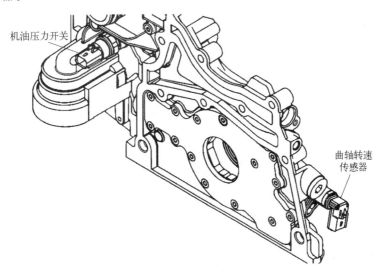

图 13-2-10　前齿轮室盖

（9）缸垫

缸垫（图 13-2-11）采用了特殊的金属，水孔周围有特殊的密封材料。缸垫上带有节流孔，用于控制缸体流向缸盖的冷却液流量。ISF2.8 系列发动机不需要进行缸垫分级，不提供加大厚度的缸垫，缸盖燃烧面（下平面）不能重新加工。如果超出技术规范，必须更换缸盖。

（10）缸盖

缸盖采用（图 13-2-12）整体式横流设计。每缸四个气门设计。顶置凸轮轴直接驱动摇臂，可使喷油器处于气缸中心。进气门 1 和排气门 2 由耐高温合金钢制成，气门杆镀铬以防擦伤。进、排气门具有相似的外形，但是不可互换。进、排气门的气门头上都带有一个凹坑，但排气门的凹坑内刻有一个"C"标记。排气门弹簧由高强度铬硅钢制成。

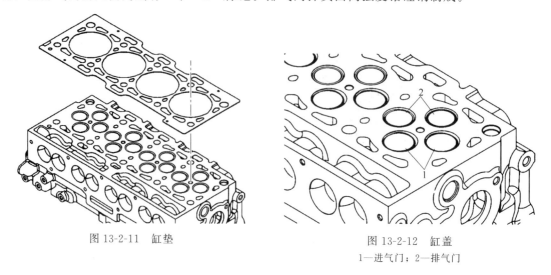

图 13-2-11　缸垫

图 13-2-12　缸盖
1—进气门；2—排气门

缸盖螺栓拧紧步骤：步骤 1，所有螺栓以 70N·m 的扭矩拧紧；步骤 2，所有螺栓顺时针旋转 90°；步骤 3，将所有螺栓再顺时针旋转 90°。

（11）气门导管、气门座和气门油封

气门导管与缸盖是一体的，其与缸盖一起铸造、加工出来。如果气门导管损坏，必须更换缸盖。气门座圈是单独镶入缸盖的，如果气门座圈损坏，可以单独更换，但如果气门座孔不符合技术规范，没有加大尺寸的镶圈可供使用。气门油封采用顶帽式设计，利用气门弹簧来固定就位。

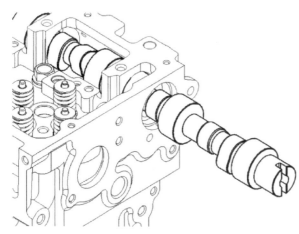

图 13-2-13　单顶置凸轮轴

（12）顶置凸轮轴

单顶置凸轮轴（图 13-2-13），只在飞轮端装有一个凸轮轴衬套，且为一次性衬套。

凸轮轴由链条驱动。

（13）摇臂和摇臂室盖

进、排气摇臂安装在公共轴座上，但在各自的摇臂轴上旋转（图 13-2-14）。摇臂室盖使用一个模压橡胶密封垫（图 13-2-15），密封垫插在摇臂室盖周边的凹槽中。紧固螺栓时必须遵循拧紧顺序，以防损坏摇臂室盖（图 13-2-16）。

（14）曲轴箱呼吸器

根据应用类型不同，ISF2.8 系列发动机可使用两种不同的曲轴箱通风系统（图 13-2-17）：开式曲轴箱通风系统，过滤后的曲轴箱气体排入大气中；闭式曲轴箱通风系统，过滤后的曲轴箱气体被导入涡轮增压器进口。这两种系统的曲轴箱呼吸器都集成在摇臂室盖中。呼吸器是不可维修部件，如果该部件损坏，必须更换摇臂室盖总成。

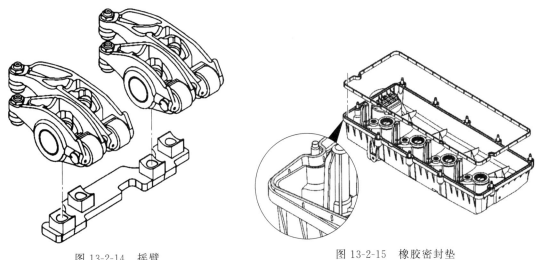

图 13-2-14　摇臂

图 13-2-15　橡胶密封垫

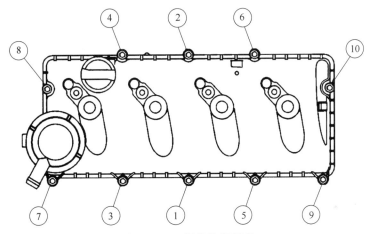

图 13-2-16　螺栓拧紧顺序

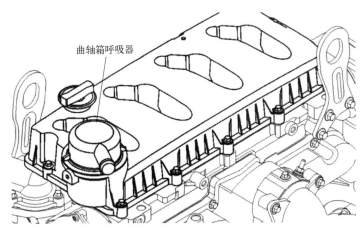

曲轴箱呼吸器

图 13-2-17　曲轴箱呼吸器

（15）链条张紧器和导向器

链条采用一个液压张紧器（图 13-2-18）和两个合成材料的导向器（图 13-2-19）。

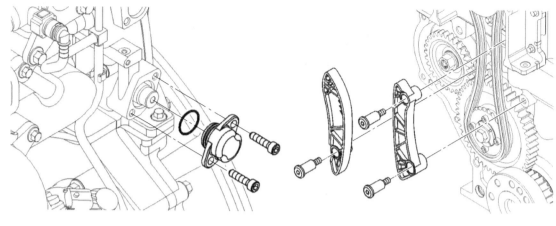

图 13-2-18 液压张紧器   图 13-2-19 导向器

13.3
康明斯 ISF2.8 系列柴油发动机冷却系统

（1）冷却液泵

泵壳集成在滤清器模块上（图 13-3-1）。泵体与泵壳之间有模压密封垫。外部泄漏孔帮助确定冷却液泵的水封故障。

（2）节温器和节温器壳体

车用型节温器（图 13-3-2）在正常运转时关闭旁通管路。节温器壳体为复合材料（图 13-3-3），与缸盖之间通过 O 形圈密封。冷却液温度传感器安装在节温器壳体上。

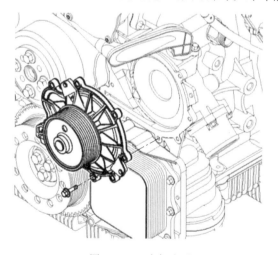

图 13-3-1 冷却液泵

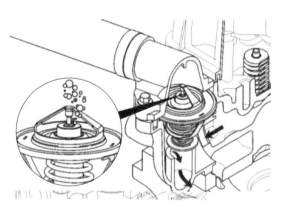

图 13-3-2 节温器

（3）节温器旁通管

允许冷却液不经过散热器，而经节温器旁通管（图 13-3-4）直接流回冷却液泵、发动机水套，以提高暖机速度。旁通管完全处于机体外部（不同于大多数康明斯发动机），每一端都用 O 形圈密封，将冷却液引导至冷却液泵的进口。

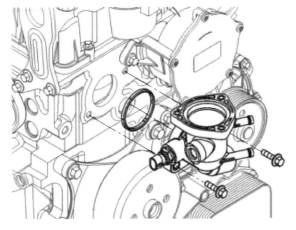

图 13-3-3　节温器壳体

图 13-3-4　节温器旁通管

13.4
康明斯 ISF2.8 系列柴油发动机润滑系统

（1）机油泵

使用了一个转子式机油泵（图 13-4-1）。该泵位于前齿轮室盖内，由曲轴直接驱动。

（2）机油冷却器

使用了一个全流、板式机油冷却器（图 13-4-2）。机油冷却器安装在前齿轮室盖上，机油流过机油冷却器散热片，被发动机冷却液冷却。

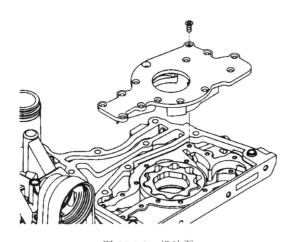

图 13-4-1　机油泵

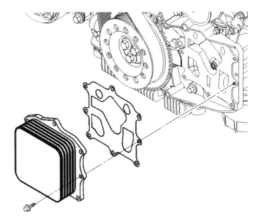

图 13-4-2　机油冷却器

（3）机油滤清器

使用了一个全流式机油滤清器（图 13-4-3）。机油滤清器位于发动机进气侧前端。建议进行预加注，以防启动时机油压力的建立过慢。

预加注时注意以下事项。

① 不要使污物随机油进入滤清器中。

② 如果使用带有金属或塑料密封件的机油滤清器，小心地将密封件剥出。

③ 用小刀或锋利的物品将密封件推入，可能使润滑系统中出现碎屑。

（4）机油压力调节阀

机油压力调节阀（图 13-4-4）用来防止机油压力过高。其位于排气侧的前齿轮室盖内，包括盖、弹簧和柱塞。当来自机油泵的压力超过 320kPa 时，该阀开启，多余的机油将流回油底壳。由于部件和油道的制造误差，发动机之间机油压力差别可能高达 69kPa。

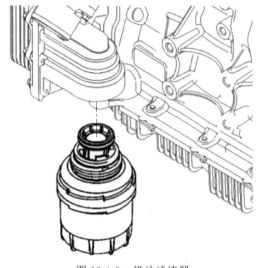

图 13-4-3　机油滤清器

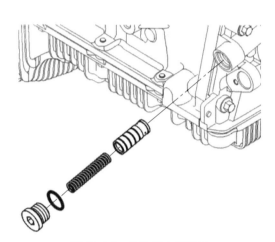

图 13-4-4　机油压力调节阀

（5）机油滤清器旁通阀

机油滤清器旁通阀（图 13-4-5）位于机油冷却器后，安装在前齿轮室盖内。机油滤清器前后的压差超过 345kPa（可能有 ±34kPa 的变化）时，旁通阀开启，使未经过滤的机油直接流入发动机润滑系统。

（6）机油压力开关

利用机油压力开关（图 13-4-6）监测机油压力。如果机油压力降至 7psi❶ 以下，ECM 就会记录一个故障，仪表板指示灯将会亮起。机油压力开关位于前齿轮室盖的背面，机油滤清器座的上方。

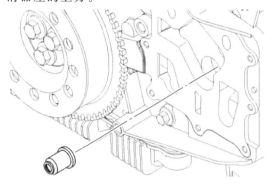

图 13-4-5　机油滤清器旁通阀

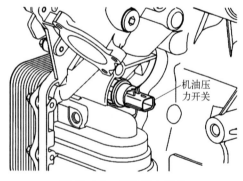

机油压力开关

图 13-4-6　机油压力开关

---

❶　1psi＝6894.76Pa。

13.5
康明斯ISF2.8系列柴油发动机燃油系统

(1) 低压燃油管

低压燃油管（图13-5-1）全部配备快速接头，均使用模塑管，以减少因螺纹和对正问题引起的泄漏。在这些管路的拆卸和安装过程中，注意观察有无油漆碎片等杂物，保持清洁。低压燃油管不可维修。

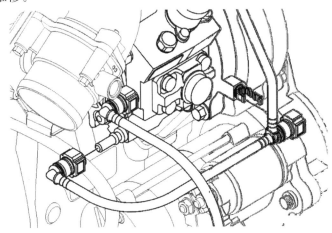

图13-5-1 低压燃油管

(2) 高压燃油泵

高压燃油泵（图13-5-2）具有三个高压泵腔。绝不允许拆卸泵体上的堵塞和密封盖。无需调整正时。

(3) 燃油泵执行器

燃油泵执行器如图13-5-3所示，为常开式装置，由ECM发出的脉冲宽度调制（PWM）信号驱动至闭合位置。允许"跛行回家"模式。燃油泵执行器控制高压燃油泵的输出，是燃油泵总成中唯一可维修的部件。

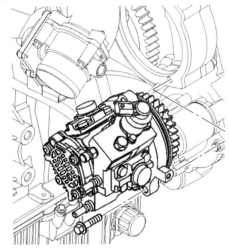

图13-5-2 高压燃油泵

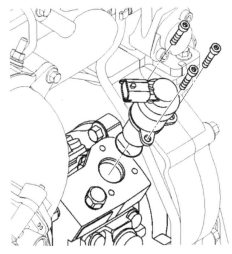

图13-5-3 燃油泵执行器

（4）燃油油轨

燃油油轨起到高压燃油蓄能器的作用，由锻钢激光焊接而成。装有轨压传感器和高压减压阀。燃油油轨减压阀（图13-5-4）为单级式，开启压力为170～175MPa。

高压减压阀出现问题，不可维修、不可调整，只能更换油轨总成。

（5）喷油器

喷油器高压燃油接头包括一个流线式滤清器，用于粉碎进入燃油系统的小污染物。流线式滤清器利用脉动高压，粉碎大部分微粒，这样微粒的尺寸足够小，就可以穿过喷油器。喷油器电磁阀未通电时，电磁阀弹簧使电磁阀铁芯保持在关闭的位置。相同的燃油压力施加在柱塞顶面和针阀凸台上（图13-5-5），柱塞顶面较大的受力面积使其产生较大的向下的力，从而使喷油器针阀保持在关闭的位置。当需要燃油喷入气缸时，ECM发出一个电压信号给电磁阀。电磁阀产生向上的、比电磁阀弹簧力更大的电磁力，使电磁阀铁芯向上移动（图13-5-6），电磁阀铁芯升起，打开喷油器内部的一个泄油通道，从而使柱塞顶面压力降低，此时作用在针阀凸台上的压力大于柱塞顶面的压力（图13-5-7），这会使针阀自关闭位置升起，

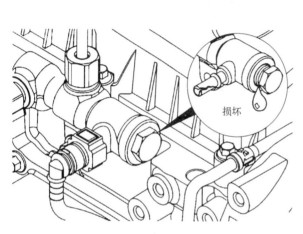

图13-5-4　燃油油轨减压阀

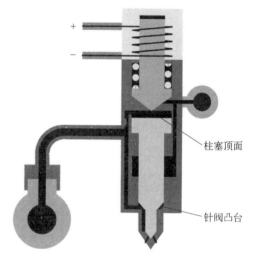

图13-5-5　电磁阀未通电

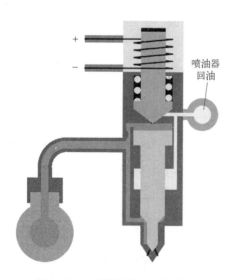

图13-5-6　电磁阀铁芯向上移动

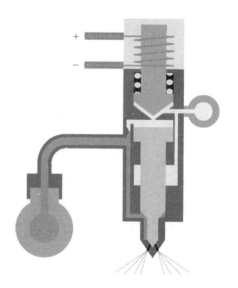

图13-5-7　喷油

燃油通过喷嘴头部的喷孔喷入气缸。当不需要喷射燃油时，ECM 会使喷油器电磁阀断电，电磁力消失，在电磁阀弹簧的作用下，电磁阀铁芯回到关闭位置，泄油通道被关闭，使柱塞顶面的压力上升，针阀复位，喷油结束。

13.6
康明斯 ISF2.8 系列柴油发动机进、排气系统

ISF2.8 系列发动机进、排气系统如图 13-6-1 所示。

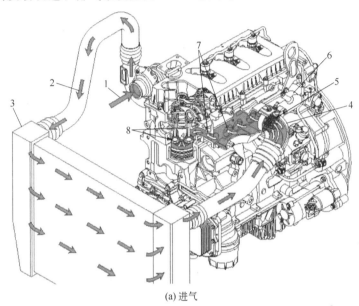

(a) 进气

1— 至涡轮增压器进气口；2— 至空空中冷器的增压后空气；3— 空空中冷器；
4— 进气管接头；5— 进气加热器；6— 进气歧管；7— 缸盖进气口；8— 进气门

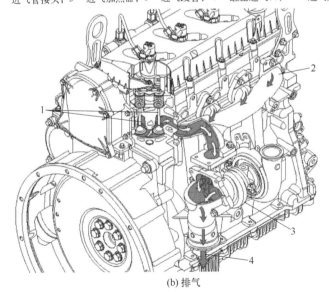

(b) 排气

1— 排气口；2— 排气歧管；3— 涡轮增压器；4— 涡轮增压器排气口

图 13-6-1　ISF2.8 系列发动机进、排气系统

（1）进气歧管

进气歧管（图 13-6-2）材料为压铸铝合金，带有进气加热器、进气歧管温度/压力传感器，用模压密封垫连接到缸盖上。螺栓拧紧时必须按照一定的顺序，以防损坏进气歧管（图 13-6-3）。

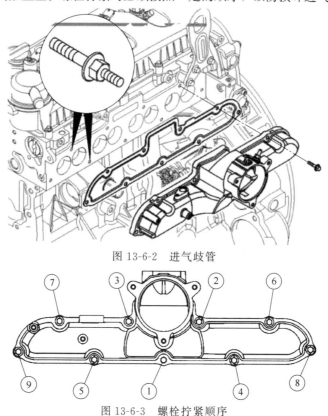

图 13-6-2　进气歧管

图 13-6-3　螺栓拧紧顺序

（2）进气加热器

单芯式进气加热器（图 13-6-4）内部接地，在寒冷环境条件下预热进气，以减少启动时的白烟。

（3）涡轮增压器

涡轮增压器（图 13-6-5）的空气进口接头为可调式。

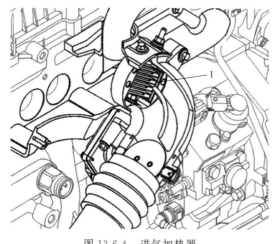

图 13-6-4　进气加热器

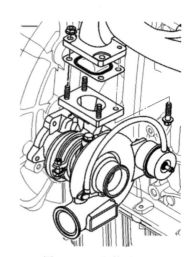

图 13-6-5　涡轮增压器

（4）空空中冷器

空空中冷器（图 13-6-6）降低了经过涡轮增压后的空气温度。

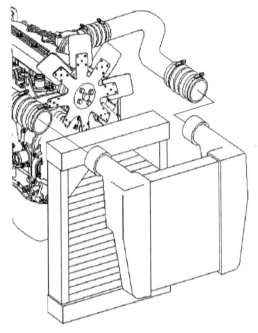

图 13-6-6　空空中冷器

第14章

福田康明斯ISF3.8系列柴油发动机

14.1 康明斯 ISF3.8系列柴油发动机技术参数

项　　　目	参　　　数
发动机形式	直列四缸、直喷式
进气方式	增压中冷
缸径×冲程	102mm×115mm
发动机排量	3.8L
发火顺序	1-3-4-2
曲轴旋向	顺时针
每缸气门数	4

14.2 康明斯 ISF3.8系列柴油发动机结构与特点

图 14-2-1　缸体（一）

（1）缸体

缸体（图 14-2-1）材料为灰铸铁，采用加强筋和安装凸台的刻蚀设计，减轻了重量，提高了刚度。

缸体底部采用了加强板，缸套采用母体材料。第 4 号主轴承的上轴瓦带有 180°曲轴止推轴承，缸体的设计和加工使其可使用 360°止推轴承（图 14-2-2），便于将来的升级或选配。

（2）曲轴

曲轴（图 14-2-3）材料为锻钢，进行圆角处理，提高强度。不提供硅油或橡胶减振器的选配，外部安装曲轴转速信号轮，无曲轴驱动的 PTO（辅助功率输出装置）曲轴上的两个齿轮均不可维修。

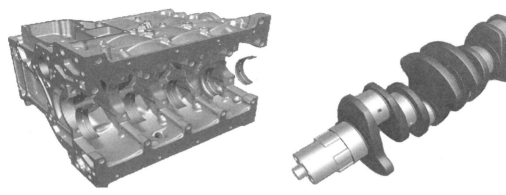

图 14-2-2　缸体（二）　　　　　　　　　　　图 14-2-3　曲轴

（3）连杆

连杆（图 14-2-4）采用断面斜切口剖分形式，以产生更大的接触面积，提供更大的夹紧力，同时减轻重量。斜切口使连杆宽度更小，操作时严禁跌落，连杆断面的任何损伤都不能修复。

连杆杆身/盖配对，其中任何一个损坏都意味着两个零件同时报废。连杆长端必须朝向发动机排气侧。连杆轴承如图 14-2-5 所示。连杆小头衬套上加工有油槽，以便更好地为衬套和活塞销提供润滑。

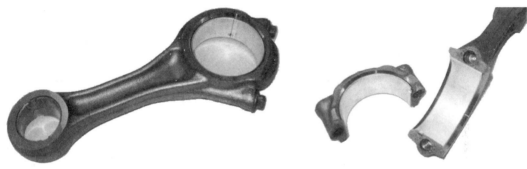

图 14-2-4　连杆　　　　　　　　　　　　图 14-2-5　连杆轴承

（4）活塞

单件式铸铝活塞（图 14-2-6），其顶部燃烧室呈碗形，促进了涡流的形成。第一道环槽周围有耐磨镶圈。活塞上设计了为活塞销和连杆小头衬套提供润滑的通道。活塞顶面标有"FRONT"标记，安装时应朝向发动机前端。

（5）活塞环

三道活塞环（图 14-2-7）：第一道气环，表面镀铬，活塞环槽有耐磨镶圈；第二道气环为黑色；第三道为油环。活塞环由 J 形活塞冷却喷嘴的机油冷却和润滑。

（6）缸盖

缸盖材料为灰铸铁，所有缸盖螺栓的长度相同，采用层压板式缸垫及可更换的气门座圈，气门导管（图 14-2-8）铸入缸盖，安装新气门导管油封时，必须保证使用与原位置的旧油封型号和颜色都相同的新油封。

图 14-2-6　活塞

(a)气环(第一道)

(b)气环(第二道)

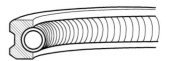
(c)油环

图 14-2-7　活塞环

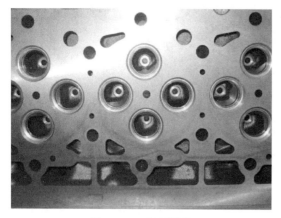
图 14-2-8　气门导管

（7）排气门与进气门

每缸四个气门：两个排气门，两个进气门。气门位置改善了进气涡流。排气门有一个识别凹坑。

（8）凸轮轴

只在缸体后端有一个凸轮轴衬套。凸轮轴止推轴承在发动机后端。凸轮轴齿轮用螺栓固定在凸轮轴上。曲轴箱呼吸器用螺栓固定在凸轮轴齿轮上，依靠离心力起作用。

必须保证曲轴和凸轮轴的正确正时。曲轴齿轮上有一个特殊的齿，端面加工成斜面。凸轮轴齿轮上有一个在两齿之间的钻孔（图 14-2-9）。两者需对齐。

（9）挺柱

挺柱（图 14-2-10）采用菌形平板式设计，其中心偏离凸轮中心，凸轮轴转动时使挺柱转动。机油从摇臂沿推杆向下至挺柱。

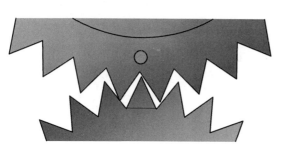
图 14-2-9　在两齿之间的钻孔

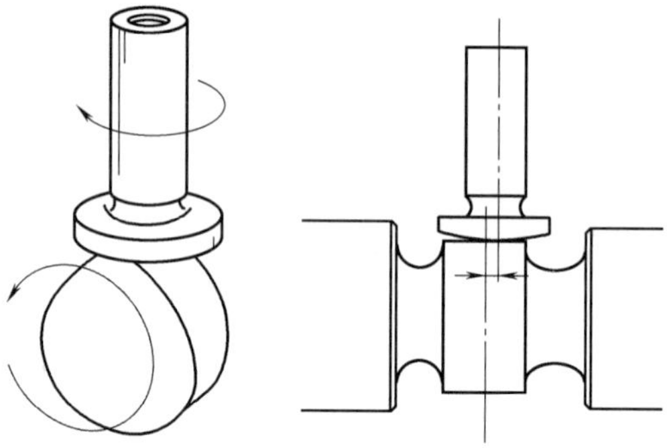

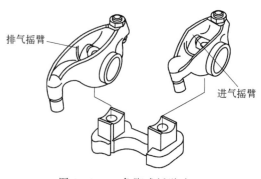
图 14-2-10　挺柱

（10）推杆

推杆把凸轮轴凸轮的位移传递到摇臂，焊接的球头和球窝加大了接触面积。球窝端通过摇臂内的钻孔油道实现压力润滑，球头端通过球窝端实现飞溅润滑（重力）。

（11）摇臂总成

象脚式摇臂头如图 14-2-11 所示。跨接压板使一个摇臂同时压下两个气门。拆下的跨接压板要装回原位置，安装新的跨接压板，对于长孔和椭圆孔的方向没有要求。

排气摇臂

进气摇臂

图 14-2-11　象脚式摇臂头

（12）前齿轮室盖

发动机前齿轮室盖（图 14-2-12）中包括机油泵总成、机油压力调节器、从主油道通到活塞冷却油道的油道，同时提供了转速和位置传感器的安装位置。拆卸前齿轮室盖前，必须先拆下油底壳；安装前齿轮室盖时，缸体、前齿轮室盖、油底壳交接处需要涂抹密封胶。

图 14-2-12　前齿轮室盖

（13）后齿轮室和飞轮壳体

压铸铝合金的后齿轮室位于发动机后部，缸体与飞轮壳体之间（图 14-2-13），曲轴齿轮驱动凸轮轴、高压燃油泵和附件驱动装置。飞轮壳体由铸铁制成。

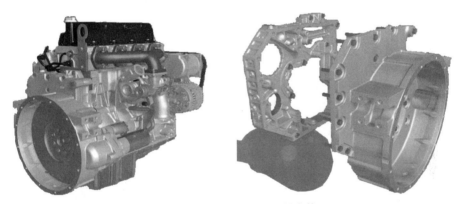

图 14-2-13　后齿轮室和飞轮壳体

14.3
康明斯 ISF3.8 系列柴油发动机冷却系统

（1）冷却液泵

冷却液泵（图 14-3-1）由曲轴通过皮带驱动，有一个外部泄水孔以帮助发现泵轴的密封故障，蜗壳和机油滤清器座是一体的，泵的前后两部分由一个 O 形圈密封。

（2）节温器

节温器（图 14-3-2）开启温度为 180°F❶。节温器关闭时，冷却液经旁通管到水泵，不

---

❶ $t/℃ = \dfrac{5}{9}(t/℉ - 32)$。

经散热器冷却，快速达到工作温度。节温器开启时，旁通管路被关闭。不允许在不安装节温器的情况下运转发动机。

图 14-3-1　冷却液泵

图 14-3-2　节温器

14.4
康明斯 ISF3.8 系列柴油发动机润滑系统

（1）机油泵

旋转式机油泵（图 14-4-1）由曲轴直接驱动，它是前齿轮室盖总成的一部分。

图 14-4-1　机油泵

（2）机油调压阀

机油调压阀（图 14-4-2）用于调节机油压力、流量等参数。机油泵是容积式泵，提供的油压、油量大于发动机所需时，通过机油调压阀使多余的机油流回油底壳。

机油压力技术规范：低怠速时 10psi❶；高怠速时 30psi。

---

❶　1psi＝6894.76Pa。

图 14-4-2 机油调压阀

（3）机油冷却器

机油冷却器如图 14-4-3 所示，采用板式热交换器，有 5 片换热片，机油在冷却器内部，冷却液在外部，直接从水泵接收冷却液，尽可能得到最冷的冷却液。

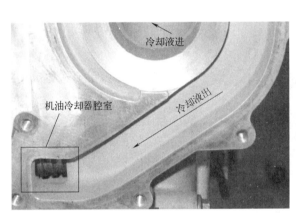

图 14-4-3 机油冷却器

（4）活塞冷却喷嘴

活塞冷却喷嘴如图 14-4-4 所示，直通的机油为以下部件提供冷却和润滑：活塞、活塞环、活塞销、连杆小头衬套。

图 14-4-4 活塞冷却喷嘴

（5）机油滤清器

全流机油滤清器（图 14-4-5）无旁通滤芯。

（6）油底壳

使用复合材料制作的油底壳（图 14-4-6），外表面铸有散热片，有助于机油冷却。油底壳密封垫可重复使用。油底壳内部铸有吸油管，可选装浸入式机油加热器。为避免损坏油底壳，要特别注意放油螺栓的拧紧扭矩。

图 14-4-5　机油滤清器

图 14-4-6　油底壳

14.5
康明斯 ISF3.8 系列柴油发动机燃油系统

ISF3.8 系列发动机高压燃油系统正常工作压力最高可达 160MPa。该燃油系统不能使用轻质燃料，应使用 2 号柴油。工作温度低于 0℃时，可以使用 1 号柴油和 2 号柴油的混合油。ISF3.8 系列发动机技术规范要求燃油进口温度不大于 70℃。

（1）吸入侧燃油滤清器

带手油泵的燃油滤清器和油水分离器安装在燃油系统的吸入侧。需要使用一根延长线束来连接燃油含水传感器。可以预加注燃油，步骤如下。

图 14-5-1　低压燃油管

① 按压手油泵直到按不动为止［140～150 次（干滤清器）］。

② 锁定手油泵把手。

③ 用启动电机拖动发动机。如果拖动 30s 后仍不能启动，关闭点火开关。

④ 再次按压手油泵，重复上述步骤，直至发动机启动。

（2）低压燃油管

低压燃油管（图 14-5-1）全部配备快换接头，均使用模塑管，减少因螺纹和对正问题引起的泄漏。在这些管路的拆卸和安装过程中，注意观察有无油漆碎片等杂物，保持清洁。低压燃油管不可维修。

（3）压力侧燃油滤清器

压力侧燃油滤清器位于齿轮泵出口与高压燃油泵进口之间，用于保护高压燃油泵和喷油器。注意，不要预加注这个燃油滤清器。

（4）燃油泵执行器

燃油泵执行器为常开式装置，由 ECM 发出的脉冲宽度调制（PWM）信号驱动至闭合位置。允许"跛行回家"模式。燃油泵执行器控制高压燃油泵的输出，是燃油泵总成中唯一可维修的部件。

（5）高压燃油泵

高压燃油泵（图 14-5-2）具有三个高压泵腔。绝不允许拆卸泵体上的堵塞和密封盖。无需调整正时。

（6）高压供油管

高压供油管（图 14-5-3）为双层钢管，不能弯曲或用力装配。先安装油轨端，再安装喷油器端。在使用工具拧紧至要求扭矩前，必须先用手装配确保对正。拆卸和安装前先清洁外部。

图 14-5-2　高压燃油泵

图 14-5-3　高压供油管

（7）燃油油轨

燃油油轨（图 14-5-4）起高压燃油蓄能器的作用，轨压传感器在后端，减压阀位于另一端。

燃油油轨减压阀（图 14-5-5）不可调整，也不可维修。

图 14-5-4　燃油油轨

燃油油轨减压阀为单级式，开启压力 170～175MPa。减压阀故障，不可维修，只能更换燃油油轨。

（8）喷油器

喷油器（图 14-5-6）由 ECM 驱动，线路不要求极性。喷油器回油口是缸盖内的钻孔油道，使用碟形密封垫圈，提供额外的夹紧负载。

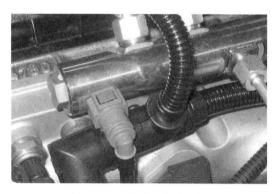

图 14-5-5　燃油油轨减压阀

图 14-5-6　喷油器

14.6
康明斯 ISF3.8 系列柴油发动机进、排气系统

（1）进气歧管

铸铝进气歧管（图 14-6-1），带有进气歧管温度/压力传感器、冷却液温度传感器、进气加热器、节温器、燃油油轨支座，用模压密封垫连接到缸盖上。

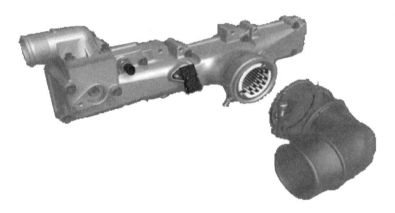

图 14-6-1　进气歧管

（2）空空中冷器

空气在增压过程中因摩擦而温度升高，空气密度随温度升高而减小，空空中冷器（图 14-6-2）使空气在进入进气歧管前温度降低。

（3）排气歧管

单件式排气歧管（图 14-6-3）固定螺栓上的长垫圈提供额外的夹紧负荷，以减少泄漏和排气歧管移动。

图 14-6-2　空空中冷器　　　　　　　　图 14-6-3　排气歧管

（4）涡轮增压器

废气旁通式涡轮增压器压气机出口角度固定，距垂直方向 55°，仅有向前出口的配置。

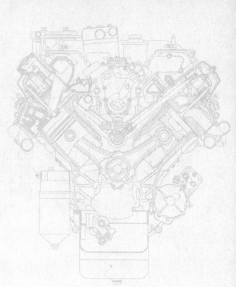

第15章

康明斯发动机后处理系统（SCR）

15.1
康明斯后处理系统版本

（1）FFM 版

配装 UA2 尿素泵（有些也写作 Ecofit 泵）（图 15-1-1），泵罐一体。

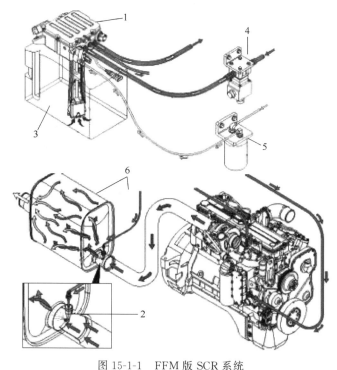

图 15-1-1　FFM 版 SCR 系统

1—尿素泵；2—尿素喷嘴；3—尿素罐及液位/温度传感器；4—尿素罐
加热电磁阀；5—油气分离器；6—EGP（排气处理器）

（2）STD 版

使用 Emitec（也写作依米泰克）尿素泵（图 15-1-2），泵罐分离。

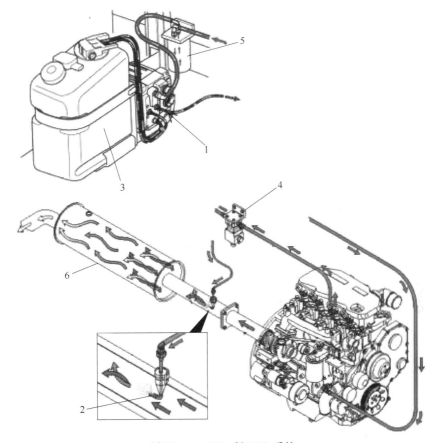

图 15-1-2　STD 版 SCR 系统

1—尿素泵；2—尿素喷嘴；3—尿素罐及液位/温度传感器；4—尿素罐加热电磁阀；
5—油气分离器；6—EGP（排气处理器）

15. 2
SCR 系统催化还原原理

SCR 系统就是在选择性催化还原原理下工作的排放处理系统。SCR 系统的功能是将排气中的氮氧化物转化成氮气和水。系统通过一个非常精确的计量泵将排气处理液（DEF）喷射到催化器的上游，所有被喷射到排气系统的排气处理液是经过发动机 ECM 的精确计算的，ECM 控制排气处理液喷射量和喷射时刻（图 15-2-1）。

纯尿素室温下为固态，DEF 是将固态尿素溶于去离子水中，制备成一定浓度的溶液，终端用户和操作人员无法自行配制这种溶液。

排气处理液使用注意事项如下。

① 吸入：可能性极低，可能对鼻子、咽喉和上呼吸道产生刺激。

② 皮肤接触：中等可能性，长时间接触后对皮肤产生刺激，需要用清水或肥皂水清洗。

③ 进入眼睛：会对眼睛产生刺激，需及时用大量清水冲洗 10～15min。

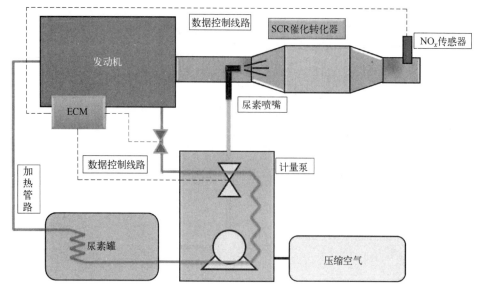

图 15-2-1　SCR 系统原理

④ 吞食：如有吞咽，会对口舌、咽喉和胃部产生刺激，会有接触部位疼痛、头痛、恶心、呕吐、头昏、嗜睡及其他中枢神经系统症状，应立即到医院就诊。

⑤ 起火：DEF 不能燃烧，如果加热 DEF，其中的水将被蒸发，同时会释放出氨气。

⑥ 泄漏（大量溢出）：用沙子等其他吸收剂吸收所泄漏的 DEF，避免污染水源，告知相关部门污染情况。

为了维持最长保质期，DEF 的储存温度低于 $30℃$。为了避免结冰，DEF 的储存温度高于 $-11℃$。DEF 的存储时间通常为 $6\sim12$ 个月。

15.3
SCR 系统组成与作用

（1）尿素泵

UA2 尿素泵如图 15-3-1 所示。在组装之前，先用植物油或等效润滑剂润滑主滤芯上的

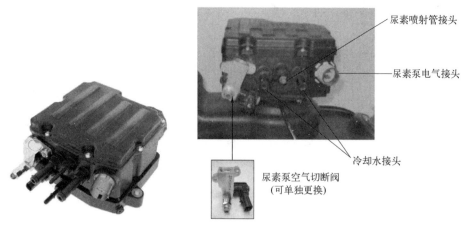

图 15-3-1　UA2 尿素泵

O 形圈，将主滤芯压入泵体滤芯腔，并确保主滤芯完全入座，插入压力缓冲器并确保入座，不要润滑密封环处，拧紧主滤芯盖，扭矩为 20N·m（图 15-3-2）。

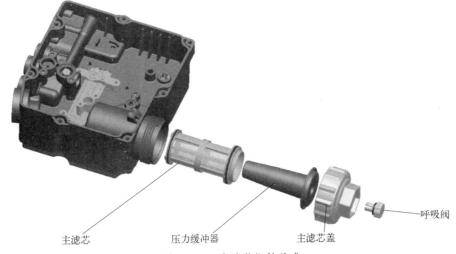

主滤芯　　　压力缓冲器　　　主滤芯盖　　　呼吸阀

图 15-3-2　主滤芯组件总成

Emitec 尿素泵如图 15-3-3 所示。

（2）尿素喷嘴

用于 Ecofit 尿素泵系统上的喷嘴如图 15-3-4 所示。喷嘴头部的四个孔可以使 DEF 在喷嘴出口处充分雾化，然后直接喷射到尾气中。喷嘴由不锈钢焊接而成，通过快速接头直接与尿素喷射管连接。

Emitec 系统尿素喷嘴的头部有三个孔（图 15-3-5），尿素在喷嘴出口处雾化。喷嘴由不锈钢制成，通过快速接头直接与喷射管连接。

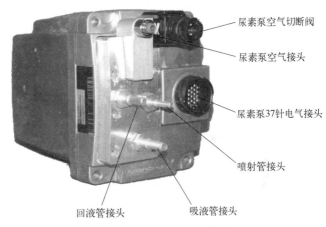

尿素泵空气切断阀
尿素泵空气接头
尿素泵37针电气接头
喷射管接头
回液管接头　　　吸液管接头

图 15-3-3　Emitec 尿素泵

 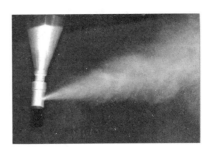

图 15-3-4　尿素喷嘴（Ecofit 系统）　　　图 15-3-5　尿素喷嘴（Emitec 系统）

软结晶的两种清理方法：第一种方法，直接用温水冲洗；第二种方法，将喷嘴放置在排气管中，怠速 2min。软结晶清除前后对比如图 15-3-6 所示。

图 15-3-6　喷嘴软结晶清除前后对比

（3）尿素罐

尿素罐总成（含液位/温度传感器）如图 15-3-7 所示。液位/温度传感器如图 15-3-8 所示。

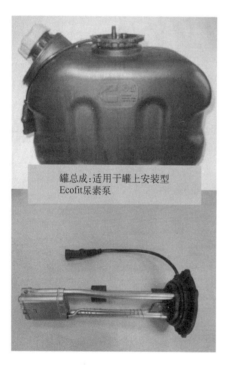

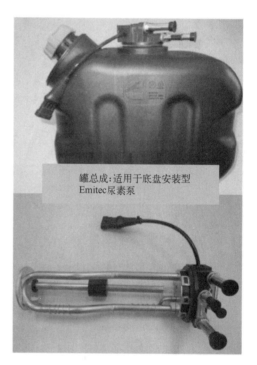

图 15-3-7　尿素罐总成

液位/温度传感器为组合式传感器，液位传感器为干簧管式，温度传感器为负热敏电阻式。液位/温度传感器不能通用。混用液位/温度传感器可能导致相关故障代码或液位/温度异常。

尿素罐滤芯（图 15-3-9）从 $70\mu m$ 滤芯变更为 $35\mu m$ 滤芯，材料从滤网改为滤布，提高了罐内的滤清效果。推荐保养里程为 12 万公里。

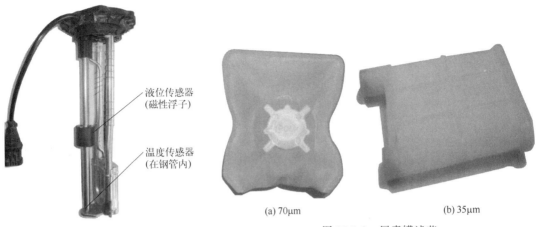

液位传感器
(磁性浮子)

温度传感器
(在钢管内)

图 15-3-8 液位传感器和温度传感器

(a) 70μm

(b) 35μm

图 15-3-9 尿素罐滤芯

（4）尿素罐加热电磁阀

尿素罐加热电磁阀（图 15-3-10）安装在尿素罐加热管路中，通过 ECM 控制电磁阀的通断来调节尿素罐温度。尿素罐加热电磁阀应安装在尿素罐液位/温度传感器的上游。流过尿素罐加热电磁阀的冷却水必须与电磁阀上标注的水流方向一致。尿素罐加热电磁阀内部有 80μm 滤芯（图 15-3-11），滤芯无需更换，在发现脏污或堵塞时用水和压缩空气清理。

水流流向标识

来自缸盖

回到水泵入口

图 15-3-10 尿素罐加热电磁阀

图 15-3-11 尿素罐加热电磁阀滤芯

图 15-3-12　油气分离器

（5）油气分离器

油气分离器（图 15-3-12）最大进口压力为 1MPa。推荐保养里程为 6 万公里。

（6）排气处理器

如图 15-3-13 所示，排气处理器由扩散部分、催化器、消声部分、NH_3 泄漏催化器（仅用于欧五排放的排气处理器上）几部分组成。

催化器的封装如图 15-3-14 所示。

在 Emitec 系统中，排气处理器上有两个温度传感器，分别测量催化器前、后的温度。前、后温度传感器的特性参数相同，但电气接头不一样。Ecofit 系统的排气处理器上只有一个温度传感器（图 15-3-15），位于催化器前，用来监测催化器的温度。同时，在软件中有一个虚拟的催化器出口温度模型，根据进口温度传感器的数值来推算催化器后的温度。

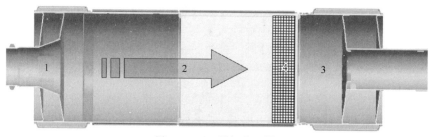

图 15-3-13　排气处理器

1—扩散部分；2—催化器；3—消声部分；4—NH_3 泄漏催化器

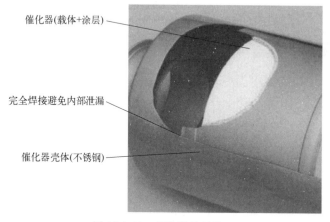

催化器(载体+涂层)

完全焊接避免内部泄漏

催化器壳体(不锈钢)

图 15-3-14　催化器的封装

图 15-3-15　温度传感器

（7）NO_x 传感器

NO_x 传感器总成是一个全智能设备，它由传感器头、控制模块和连接电缆三部分组成（图 15-3-16）。

目前的传感器只能用于测量出口 NO_x 值。它通过车身总线与 ECM 通信，同时在 NO_x 传感器总成内部也有自诊断系统，监测自身的工作情况并通过车身 CAN 总线向 ECM 汇报是否出现故障。NO_x 传感器总成的任何一个分部件都不能独立更换。

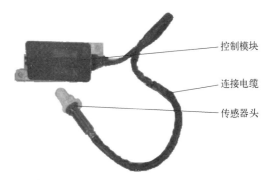

控制模块

连接电缆

传感器头

图 15-3-16　NO$_x$ 传感器

（8）ACM

ACM（图 15-3-17）为后处理控制模块，是一个全智能设备，它通过车身总线与发动机 ECM 和整车通信。可在打开点火开关的状态下进行自诊断，如诊断失效会触发相应的故障代码。

ACM 控制整个后处理系统，对后处理系统部件发出指令，控制尿素喷射时刻和喷射量。

ACM 自身供电由蓄电池直接提供，ACM 为其他部件提供电源，ACM 需要留有一定时间保存记录数据，定义时间为 30s。

图 15-3-17　ACM

15.4
空气辅助计量系统工作原理

空气辅助计量系统基于 SCR 选择性催化还原的原理工作。选择性催化还原装置将发动机排出的氮氧化物变成氮气和水，它非常精确地将尿素与空气的混合物喷射到催化器上游。所有的尿素计量喷射量全部由 ECM 控制。

15.4.1　Ecofit 空气辅助计量系统

15.4.1.1　尿素泵的工作过程

在正常的工作情况下，尿素泵有以下三个工作阶段：预注阶段，初始化、建立尿素压力；计量阶段，准备喷射、计量喷射；排空阶段。

（1）预注阶段

发动机点火开关打开但不启动发动机，系统初始化并自检。

预注的条件：发动机运转超过一定时间（启动后运转时间不少于 300s）；EGP（排气处理器）进口温度超过一定温度（不低于 150℃）；满足加热系统的要求（罐内温度超过 −7℃，尿素泵温度超过 7℃）。

预注分为快速排空（图 15-4-1）和系统建压（图 15-4-2）两个阶段。

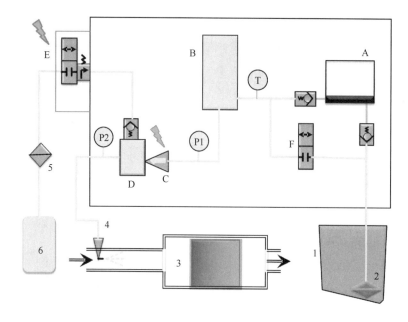

图 15-4-1　快速排空

1—尿素罐；2—罐滤芯；3—EGP；4—喷嘴；5—油气分离器；6—车身气罐；

A—膜片泵；B—尿素泵主滤芯；C—尿素计量阀；D—混合室；E—空气切断阀；F—回流阀

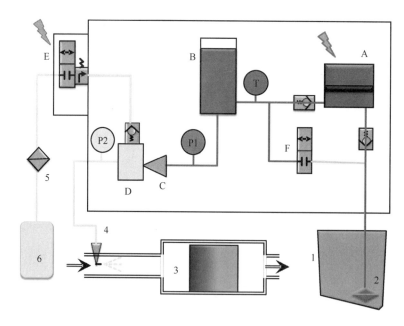

图 15-4-2　系统建压

1—尿素罐；2—罐滤芯；3—EGP；4—喷嘴；5—油气分离器；6—车身气罐；

A—膜片泵；B—尿素泵主滤芯；C—尿计量阀；D—混合室；E—空气切断阀；F—回流阀

快速排空阶段，排空系统内部所有可能存在的尿素，释放尿素泵内部管路的残余压力，空气流经两条通路（通路1，压缩空气流经混合室和喷嘴；通路2，打开回流阀，打开计量阀，压缩空气流入计量阀，进入泵内尿素通路）。快速排空的过程大约会持续数秒，快速排空后关闭空气切断阀。

在每一次打开点火开关后，当尿素泵收到ECM发送来的第一个建压命令，尿素泵将把尿素的压力提高至600～650kPa。在之后的正常运转中，尿素的压力将保持在550kPa。建压开始后，可以听见尿素泵电机运转一段时间。如果建压成功，空气切断阀自动打开，空气将流出尿素泵。

整个预注阶段大约持续2min，如果泵内建压不成功，ECM会命令尿素泵再一次进行预注。预注重复三次后，建压仍失败，系统将强制停泵。在停泵前系统会执行一次完整的排空。

（2）计量阶段

在预注成功后空气切断阀打开，泵电机进入待机状态，此时进入准备喷射阶段。计量阶段由ECM直接控制，是否计量取决于氮氧化物的产生量和相应的排气管温度。在EGP温度达到200℃之前，尿素泵不会喷射尿素到排气系统中。但是空气会一直通过尿素泵、喷嘴流入排气系统。在计量阶段，喷嘴及喷射管路没有泄漏的情况下，空气压力被控制在400kPa左右。系统中空气的作用是将尿素带入排气系统，辅助雾化，防止喷嘴堵塞，冷却喷嘴。

在准备喷射阶段，只有空气被喷入排气系统（图15-4-3）。尿素泵电机停止运转。等待ECM给出喷射的指令。如果尿素泵处于此阶段，发动机可能运转在怠速或减速工况。

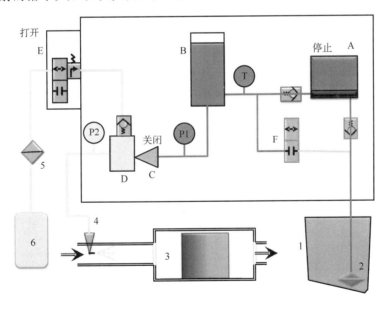

图 15-4-3　准备喷射

1—尿素罐；2—罐滤芯；3—EGP；4—喷嘴；5—油气分离器；6—车身气罐；
A—膜片泵；B—尿素泵主滤芯；C—尿素计量阀；D—混合室；E—空气切断阀；F—回流阀

喷射尿素的6个条件：EGP进、出口温度超过200℃；没有相关SCR系统的现行故障代码；尿素罐液位高于1%；预注成功（混合室压力高于300kPa，尿素压力高于480kPa）；系统解冻成功（且环境温度高于−7℃）；满足CumminsNO$_x$算法要求。

计量喷射阶段尿素泵接收到 ECM 的喷射指令（图 15-4-4），将尿素和空气的混合物泵出并送到喷嘴端，泵电机持续运转并保持尿素压力维持在 550kPa。

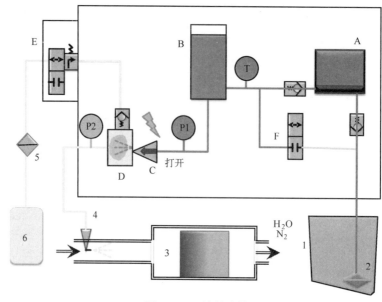

图 15-4-4　计量喷射

1—尿素罐；2—罐滤芯；3—EGP；4—喷嘴；5—油气分离器；6—车身气罐；

A—膜片泵；B—尿素泵主滤芯；C—尿素计量阀；D—混合室；E—空气切断阀；F—回流阀

（3）排空阶段

当点火开关关闭时，系统自动进入排空阶段（图 15-4-5）。此阶段空气流经两条通路：通路 1，压缩空气流经混合室和喷嘴，空气带走系统内部残留的尿素以避免泵内的阀体及喷嘴堵塞；通路 2，打开回流阀，尿素泵内部的压力泄至尿素罐，打开计量阀，压缩空气流入

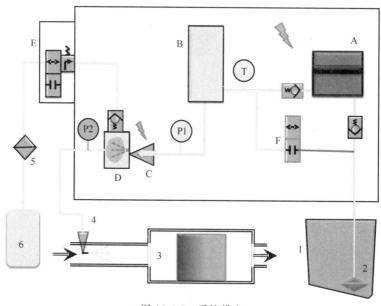

图 15-4-5　系统排空

1—尿素罐；2—罐滤芯；3—EGP；4—喷嘴；5—油气分离器；6—车身气罐；

A—膜片泵；B—尿素泵主滤芯；C—尿素计量阀；D—混合室；E—空气切断阀；F—回流阀

计量阀，进入泵内尿素通路，在空气压力下，泵内残留的尿素通过回流阀流回尿素罐。在排空的最后阶段，泵电机运转将残留在膜片泵中的尿素排出。排空阶段持续 30s 后，ECM 切断尿素泵的电源。每一次关闭点火开关都会执行一次排空作业。

排空有两种不同情况：系统正常的排空，关闭点火开关会触发一次系统排空；系统不正常的排空，如果 SCR 系统有现行的故障，ECM 将停止尿素泵工作，但在停泵前会执行一次排空以清除内部残余的尿素。当因出现故障代码排空后，系统会在执行排空后将空气切断阀打开，直至点火开关关闭。

15.4.1.2　尿素泵和尿素罐的加热

罐上安装型尿素罐和 Ecofit 尿素泵共用一路加热管路进行加热。用发动机冷却水加热尿素罐和尿素泵。底盘安装型采用电加热尿素罐，使用冷却水加热 Ecofit 尿素泵。

环境温度＜−7℃、尿素罐温度＜−7℃、尿素泵温度＜7℃ 三个条件全部满足时系统进行解冻（图 15-4-6）；尿素罐温度＜0℃、尿素泵温度＜40℃，满足两个条件中的任何一个时系统将持续加热（图 15-4-7）。

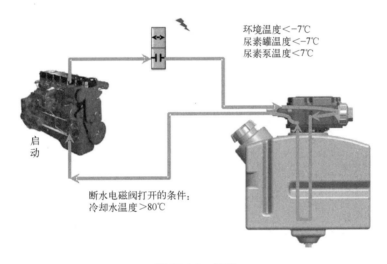

图 15-4-6　解冻

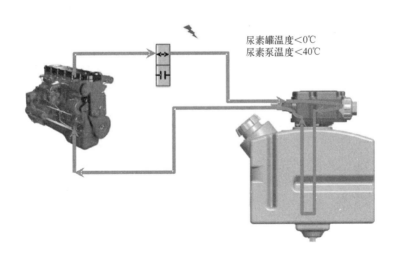

图 15-4-7　持续加热

15.4.2 Emitec空气辅助计量系统

在正常工作条件下，Emitec尿素泵有以下工作阶段：预注阶段，初始化、预注；计量喷射阶段，等待喷射、计量喷射；排空阶段，排空、释放内部压力。

（1）预注阶段

当key-on时尿素泵进入初始化阶段，此时泵电机运转到一定位置，尿素泵自检所有内部元件，包括压力开关和温度传感器等。当发动机启动后，一个ECM信号被发送到尿素泵内，尿素泵进入预注阶段（图15-4-8）。尿素经尿素罐流向泵内，然后再流回到尿素罐中。这个过程主要是为了排空所有尿素液态管路中的空气。在这个过程中，尿素泵将全速运转30s。如果预注过程成功，在空气电磁阀工作一次后将可听到有连续的空气从尿素泵的喷射接头中喷至尿素喷嘴。如果第一次预注过程不成功，空气电磁阀关闭，预注过程将重复进行。这个重复的过程可持续20次，直到故障代码3548现行（大约持续12min）。

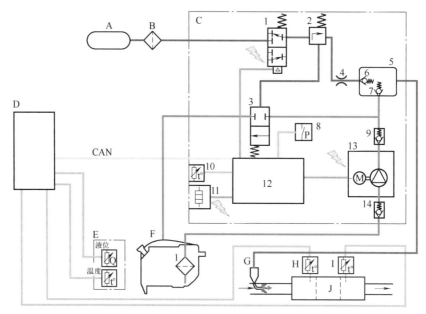

图15-4-8 预注阶段

1—空气电磁阀；2—空气压力调节器；3—空气促动阀；4—空气量孔；5—混合室；6—空气背压阀；
7—尿素背压阀；8—压力开关；9—出口单向阀；10—温度传感器；11—位置传感器；12—尿素泵控制器；13—泵电机；14—进口单向阀；
A—空气罐；B—空气滤芯；C—尿素泵；D—发动机ECM；E—罐传感器；F—尿素罐；
G—喷嘴；H—EGP进口温度；I—EGP出口温度；J—EGP

（2）计量喷射阶段

在预注阶段的最后，空气电磁阀打开而尿素泵的电机停止。尿素泵进入待机状态（图15-4-9），等待来自ECM的计量喷射指令。尿素计量喷射的量和喷射的时间全部由ECM控制（图15-4-10）。如果发动机没有达到喷射尿素的条件，尿素泵将不能进行计量喷射工作，但是此时空气会通过尿素泵流入喷嘴中。这项工作会防止喷射管路和喷嘴堵塞，同时也为喷嘴及管路提供冷却。系统中空气的作用是将尿素带入排气系统，辅助雾化，防止喷嘴堵塞，冷却喷嘴。

尿素泵喷射的6个条件：EGP进、出口温度超过200℃；没有相关SCR系统的现行故障代码；尿素罐液位高于6%；预注成功（空气压力高于400kPa，尿素压力高于300kPa）；系统解冻成功（尿素温度高于−7℃）；满足CumminsNO$_x$算法要求。

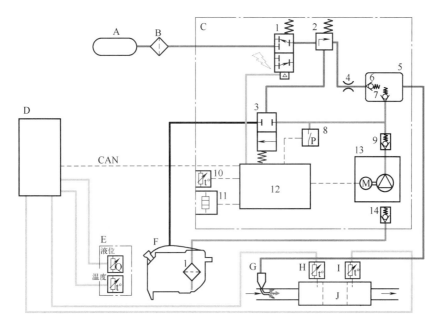

图 15-4-9　等待喷射阶段

1—空气电磁阀；2—空气压力调节器；3—空气促动阀；4—空气量孔；5—混合室；6—空气背压阀；7—尿素背压阀；
8—压力开关；9—出口单向阀；10—温度传感器；11—位置传感器；12—尿素泵控制器；13—泵电机；14—进口单向阀；
A—空气罐；B—空气滤芯；C—尿素泵；D—发动机 ECM；E—罐传感器；F—尿素罐；
G—喷嘴；H—EGP 进口温度；I—EGP 出口温度；J—EGP

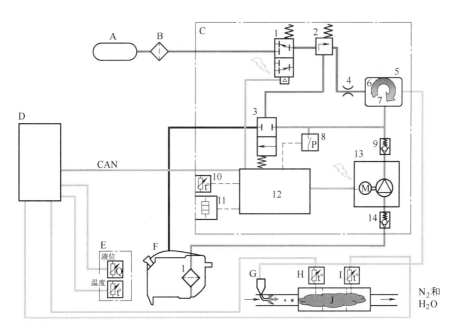

图 15-4-10　计量喷射阶段

1—空气电磁阀；2—空气压力调节器；3—空气促动阀；4—空气量孔；5—混合室；6—空气背压阀；7—尿素背压阀；
8—压力开关；9—出口单向阀；10—温度传感器；11—位置传感器；12—尿素泵控制器；13—泵电机；14—进口单向阀；
A—空气罐；B—空气滤芯；C—尿素泵；D—发动机 ECM；E—罐传感器；F—尿素罐；
G—喷嘴；H—EGP 进口温度；I—EGP 出口温度；J—EGP

（3）排空阶段

点火开关关闭，系统进入排空阶段。压缩空气通过尿素泵流入喷嘴（图15-4-11）。流入喷嘴的空气将带走所有残留在管路中的尿素，这些残留的尿素可能会导致尿素泵内部或喷射管路中出现结晶而堵塞。排空阶段持续30s后系统断电，在排空的最后阶段，可以听到空气电磁阀的动作声。

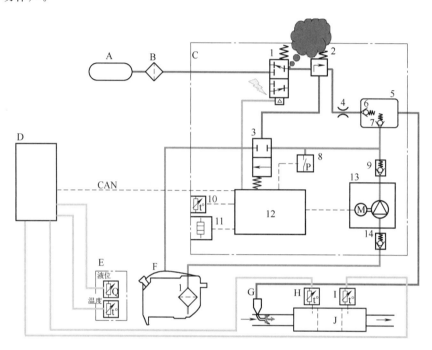

图 15-4-11　排空阶段

1—空气电磁阀；2—空气压力调节器；3—空气促动阀；4—空气量孔；5—混合室；6—空气背压阀；7—尿素背压阀；
8—压力开关；9—出口单向阀；10—温度传感器；11—位置传感器；12—尿素泵控制器；13—泵电机；14—进口单向阀；
A—空气罐；B—空气滤芯；C—尿素泵；D—发动机 ECM；E—罐传感器；F—尿素罐；
G—喷嘴；H—EGP 进口温度；I—EGP 出口温度；J—EGP

每一次发动机运转后关闭点火开关，系统都会自动执行排空过程。不正常的排空计数可以通过服务软件 INSITE 读取。如果发现尿素泵不正常的排空次数过多，必须检查尿素泵的无开关电源。必须给尿素泵提供无开关电源，以保证在点火开关关闭后尿素泵仍有电源提供，以执行足够时间的排空工作。

在排空结束后，尿素泵将释放内部的压力以保证内外压力平衡。

注意，如果一个 SCR 系统的故障代码变为现行，系统将自动停用，但在停用之前必须执行一次系统排空。

15. 5
NOₓ 传感器工作原理

（1）NOₓ 传感器安装位置

排气处理系统的 NOₓ 传感器有多种安装位置，取决于不同的发动机应用。通常将其安装在 EGP 的消声部分（图15-5-1）。用水冲洗工作中的 NOₓ 传感器，会导致传感器损坏。

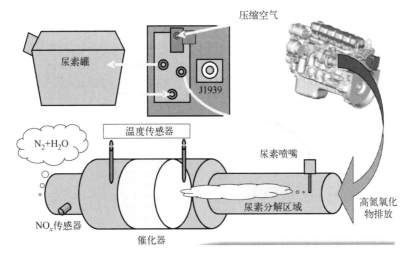

图 15-5-1　NO_x 传感器安装位置

（2）NO_x 传感器的工作条件

当接通点火开关时，NO_x 传感器将加热到 100℃。之后等待 ECM 发出一个露点温度信号；在露点温度以上排气系统内将不会有能损坏 NO_x 传感器的湿气存在。目前露点温度被设定为 140℃，温度值是参考 EGP 的出口温度传感器测出的数值。

传感器接收到 ECM 发来的露点温度信号后，将自行加热到一定温度（最大可为 800℃），此时如果传感器头接触到水将会损坏。加热到工作温度后，传感器才开始正常的测量工作。

传感器将氮氧化物数据发送到 CAN 总线上，发动机 ECM 通过这些信息对氮氧化物的排放进行监测。

（3）NO_x 传感器模式

如图 15-5-2 所示。

① 电源状态：在这种状态下，24V 电源没有提供到传感器，在车身点火开关关闭的情况下，这是传感器的正常状态，此时传感器没有任何输出。

② 有供电——传感器非激活状态：此时电源已经通过点火开关提供到传感器，传感器进入预加热阶段，预加热的目的是使所有在传感器头上的湿气蒸发。预加热阶段会持续约 60s。

（4）氮氧化物监控诊断

NO_x 传感器在正常工作后实时地把排气中

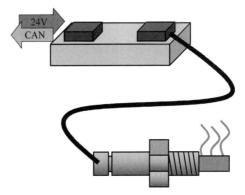

图 15-5-2　NO_x 传感器模式

氮氧化物数据传送到 ECM。ECM 并不是通过监测实时的氮氧化物数据来判断排气是否合格，而是通过一套氮氧化物监控程序来对排气中的氮氧化物是否超标进行检测。

以下条件必须满足，以运行氮氧化物监控程序：没有冷却水温度传感器相关故障码；没有环境压力传感器相关故障代码；冷却水温度高于 70℃；海拔低于 1600m；发动机转速范围为 1200～2200r/min；喷油量稳定；尿素计量喷射量在一定范围内；EGP 达到一定的温度；NO_x 传感器给出一个相对稳定的值。

以上条件满足后，ECM 将通过 NO_x 传感器对排气进行采样。如果车辆行驶中不满足以上条件，取样终止。在国四发动机上，一个完整的氮氧化物监控程序需要取样 20 次左右。

一旦一次氮氧化物监控程序完成，ECM 将对取得的数据进行比较：如果监控过程中所有取得的 NO_x 数据的平均值小于设定的限值，监控通过，如果所记录的所有数据的平均值高过限值，监测器会记录一次错误，但不点亮 MIL 灯。如果连续两次监控都没有通过，故障代码 2772 或 2773 将被记录，MIL 灯将被点亮。

15.6
SCR 系统常见故障与排除

（1）空气电磁阀机械不响应

故障代码

FC4271。

故障机理

预注成功后，空气电磁阀关闭（图 15-6-1），混合室压力高于设定值（150kPa）。尿素喷射阶段，混合室压力高于设定值（500kPa）。

图 15-6-1　尿素泵内部结构

故障原因

① 尿素喷嘴堵塞。

② 喷射管内部阻力大或堵塞。

③ 混合室内部堵塞。

④ 空气电磁阀内部故障。

故障排除

排除以上因素后，重新进行超越测试和空气电磁阀咔嗒测试，故障代码变为非现行。

（2）混合室压力低

故障代码

FC4238。

故障机理

在喷射阶段，混合室压力低于设定值（295kPa），持续20s后FC4238将被触发。

故障原因

① 供气管路阻力大或堵塞。

② 供气管路损坏。

③ 供气压力不足。

④ 尿素泵内气路堵塞（油气分离器未按要求正常保养）。

⑤ 喷射管泄漏或未正常安装。

⑥ 空气电磁阀粘连常闭。

⑦ 空气电磁阀内部损坏。

故障排除

排除以上因素后，重新进行超越测试，故障代码变为非现行。

注意，执行空气电磁阀咔嗒测试，同时向空气电磁阀内注水可以清洗尿素泵内气路。

（3）UA2泵预注不成功

故障代码

FC1682。

故障机理

尿素泵在预注过程中，建压2min后如果压力没有达到设定值，ECM会命令尿素泵再次进行预注，预注重复三次后，建压仍失败，FC1682将现行。

故障原因

① 吸液管路阻力大、堵塞、结冰或破损。

② 尿素罐内滤芯阻力大或堵塞。

③ 尿素泵主滤芯阻力大或堵塞。

④ 尿素泵电机故障（转速过慢）或短路到蓄电池。

⑤ 回流阀粘连常开。

⑥ 尿素泵内部泄漏。

⑦ 尿素泵电机线路开路（可用泄漏测试来验证电机线路是否正常）。

故障排除

排除以上因素后，重新进行超越测试，故障代码变为非现行。

（4）Emitec泵报文超时

故障代码

FC1711。

故障机理

点火开关打开上电后，ECM没有收到来自尿素泵的报文，故障代码将被触发。

故障原因

① 尿素泵丢失蓄电池正极电源。

② 尿素泵丢失蓄电池负极电源。

③ 尿素泵丢失点火开关电源。

④ 尿素泵与ECM之间的J1939数据通信接口线路短路或开路（包括CAN线间电阻）（图15-6-2）。

⑤ 尿素泵内部有故障。

故障排除

排除以上因素后，打开点火开关，尿素泵进行自检，如果正常，故障代码变为非现行。

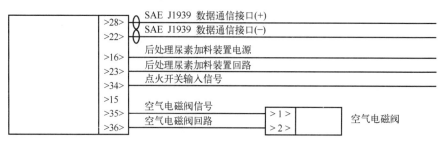

图 15-6-2　电路图

（5）回液管堵塞

故障代码

FC3575。

故障机理

在预注过程中，在泵停止工作或者开始预注时，检测到压力开关关闭（即在不该有压力时检测到压力）。

故障原因

① 回液管阻塞。

② 尿素泵中的压力开关故障。

③ 后处理加热功能未正常开启。

故障排除

排除以上因素后，启动发动机怠速 5min 左右，尿素泵会进行预注，预注成功后故障代码变为非现行。

（6）Emitec 泵预注不成功

故障代码

FC3548。

故障机理

在预注过程中，尿素泵预注 20 次后，预注仍然不成功，20 次预注大约持续 12min。

故障原因

① 吸液管路阻力大、堵塞或破损。

② 液位温度传感器滤芯堵塞（滤芯未按要求正常保养）。

③ 尿素泵的进液接头处滤网堵塞。

④ 供气管路阻力大、堵塞或泄漏（油气分离器未按要求正常保养）。

⑤ 尿素泵的管路、管接头吸入空气。

⑥ 杂质进入泵内部致使泵内部单向阀失效。

⑦ 断水电磁阀与空气电磁阀线束插头接反。

故障排除

排除以上因素后，启动发动机怠速 5min 左右，尿素泵会进行预注，预注成功后故障代码变为非现行。

（7）NO_x 传感器通信异常

故障代码

FC2771。

故障机理

点火开关打开后，ECM 没有接收到来自 NO_x 传感器的 CAN 报文。

故障原因

① NO_x 传感器接插件出现脏污、松动、缩针等问题。

② NO_x 传感器线束 CAN+、CAN−、电源与回路的电压不正常（CAN+ 2.5～3.5V；CAN− 1.5～2.5V；电源 24V 左右）。

③ CAN+与 CAN−间电阻不正常（电阻为 60Ω）。

④ NO_x 传感器内部故障。

故障排除

排除以上因素后，打开点火开关，NO_x 传感器进行自检，如果正常，故障代码变为非现行。

（8）NO_x 传感器加热故障

故障代码

FC3583。

故障机理

ECM 接收到露点温度信号后，NO_x 传感器加热失败或内部电路错误。

故障原因

① NO_x 传感器接插件出现脏污、松动、缩针等问题。

② NO_x 传感器电源与回路的电压不正常。

③ NO_x 传感器内部故障。

故障排除

故障以上因素后，启动发动机，使排气温度超过 180℃并保持一段时间，此时传感器本身会对自身进行自诊断，如果正常，故障代码变为非现行。

（9）排放超限值

故障代码

FC2772。

故障机理

监控条件下，连续两次监控循环 NO_x 排放都超过限值。

故障原因

① 排气系统存在泄漏、堵塞等现象。

② 尿素浓度不符合要求（正常为 32.5%）。

③ 尿素喷嘴雾化不好。

④ 尿素喷射量不符合要求（6min，100mL±5mL）。

⑤ 分解管及 EGP 存在尿素结晶或其他堵塞现象。

故障排除

若上述项目检查均无问题，可获取最新标定进行刷写。若检查有问题，先消除故障点，然后路试消除或刷写最新标定。

（10）EGP 进、出口温差大

故障代码

FC3144。

故障机理

当车辆正常行驶且排气温度高于 200℃，监控 EGP 进出口温度值一定时间后（450s），所得 EGP 进口温度与出口温度差值的均值高于 70℃或低于−70℃，FC3144 现行。

故障原因

① 排气管泄漏。

② EGP 温度传感器线路电阻过大。

③ EGP 温度传感器故障（在低速及高怠速下监测进、出口温度传感器温度变化是否正常）。

故障排除

排除以上因素后，必须将排气温度提高到 200℃ 以上，检测 9min 且温差均值在 70℃ 内，故障代码变为非现行。

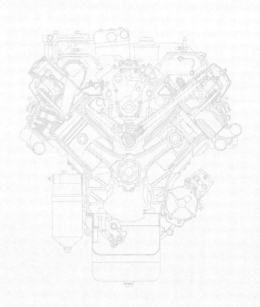

第16章
康明斯发动机控制系统

以康明斯 CM2220 控制系统为例，ECM 具有 OEM❶ 接头（58 针），发动机线束接头（96 针），杠杆锁定接头，新台架标定线束，杠杆锁定式发动机和 OEM 接头。

16.1
控制系统传感器和执行器

（1）大气压力传感器

大气压力传感器用于高海拔环境下的涡轮增压器超速保护。此传感器位于 ECM 旁（图 16-1-1）。

（2）曲轴转速/位置传感器

传感器为霍尔效应型（图 16-1-2），安装在前齿轮室盖上。其主要功能是测定发动机转速。发动机凸轮轴转速/位置传感器发生故障时，此传感器还有测定发动机位置的辅助功能。

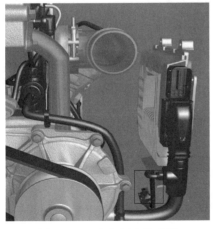

图 16-1-1　大气压力传感器

图 16-1-2　曲轴转速/位置传感器

---

❶　OEM 意为原始设备制造商。

（3）凸轮轴转速/位置传感器

传感器为霍尔效应型（图 16-1-3），安装在前齿轮室盖上。其主要功能是测定发动机位置以控制喷油动作。发动机曲轴转速/位置传感器发生故障时，此传感器还有测定发动机转速的辅助功能。

（4）轨压传感器

轨压传感器安装在高压油轨上（图 16-1-4），ECM 利用此传感器监测燃油油轨压力，丢失此传感器送出的信号时，ECM 以计算的工作负载循环指令燃油泵执行器来保持燃油压力，进行应急模式工作。

图 16-1-3 凸轮轴转速/位置传感器

图 16-1-4 轨压传感器

（5）进气歧管温度/压力传感器

使用一个组合式进气歧管温度/压力传感器，为四线（电源、回路、两个信号）式传感器，位于发动机进气歧管上（图 16-1-5）。ECM 利用此传感器测定进气歧管压力或由可变截面式涡轮增压器产生的增压压力。ECM 利用此传感器测定进气温度以控制供油。ECM 利用此传感器进行下列发动机保护减额：进气温度高；进气压力高。

（6）冷却液温度传感器

传感器位于节温器壳体旁的进气歧管内（图 16-1-6）。ECM 利用此传感器测定发动机水套中冷却液的温度，实现了冷却液离开发动机时的温度的读取。

图 16-1-5 进气歧管温度/压力传感器

图 16-1-6 冷却液温度传感器

（7）机油压力开关

压力开关位于机油滤清器旁（图 16-1-7）。ECM 利用此开关监测发动机主油道中的机油压力。此开关为常闭式，在发动机机油压力达到 7psi❶ 时开启。

---

❶ 1psi＝6894.76Pa。

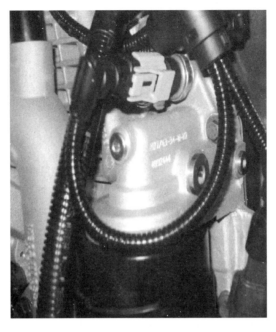

图 16-1-7　机油压力开关

16.2
控制系统诊断测试项目

① 气缸断油测试。
② 气缸性能测试。
③ 发动机状态监控。
④ 风扇超控测试。
⑤ 快怠速预热测试。
⑥ 燃油系统泄漏测试。
⑦ 进气加热器超控测试。
⑧ SAE J1939 数据通信接口控制测试。
⑨ 测功机设定。
⑩ 启动电机锁定继电器驱动器超控测试。
⑪ 尿素加料泵超控测试。
⑫ 尿素加料系统加热器测试。

16.3
控制系统电路图

　　各图括号中的数字，表示 ECU 上电后，不接任何传感器、执行器、开关等部件时，ECU 的输出电压（对地电压），端子电压可能存在个体差异，仅供参考。

（1）康明斯 CM800 电路图（图 16-3-1、图 16-3-2）

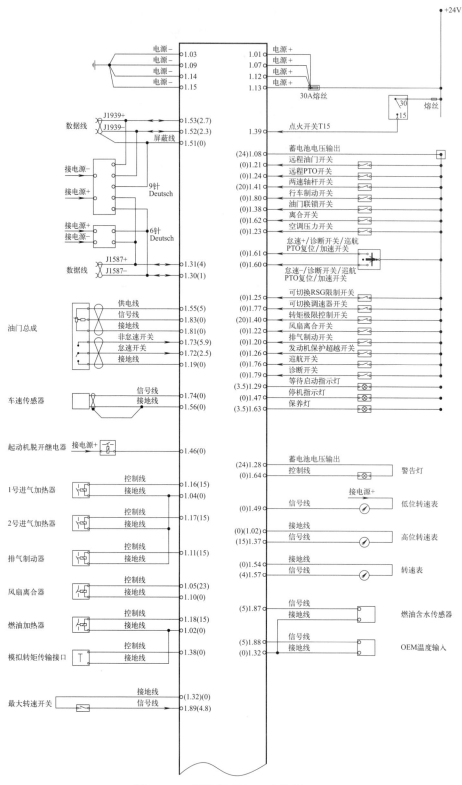

图 16-3-1　康明斯 CM800 电路图（一）

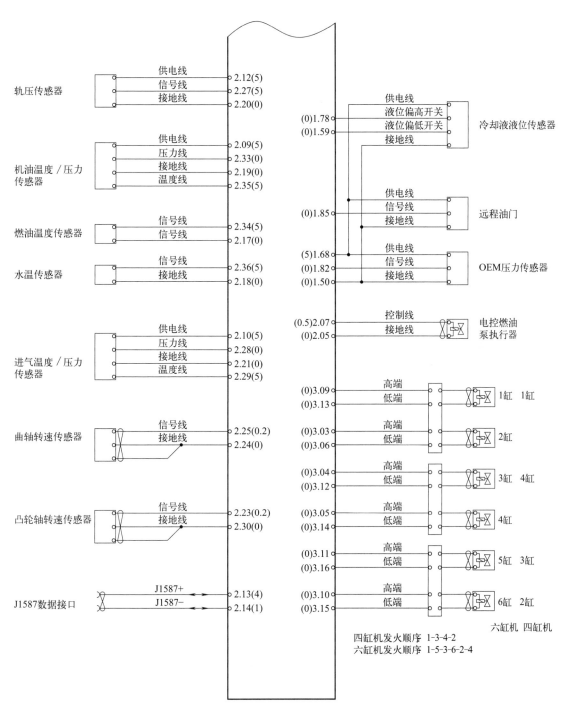

轨压传感器
供电线 2.12(5)
信号线 2.27(5)
接地线 2.20(0)

机油温度/压力传感器
供电线 2.09(5)
压力线 2.33(0)
接地线 2.19(0)
温度线 2.35(5)

燃油温度传感器
信号线 2.34(5)
信号线 2.17(0)

水温传感器
信号线 2.36(5)
接地线 2.18(0)

进气温度/压力传感器
供电线 2.10(5)
压力线 2.28(0)
接地线 2.21(0)
温度线 2.29(5)

曲轴转速传感器
信号线 2.25(0.2)
接地线 2.24(0)

凸轮轴转速传感器
信号线 2.23(0.2)
接地线 2.30(0)

J1587数据接口
J1587+ 2.13(4)
J1587− 2.14(1)

冷却液液位传感器
(0)1.78 供电线 液位偏高开关
(0)1.59 液位偏低开关
接地线

远程油门
(0)1.85 供电线 信号线 接地线

OEM压力传感器
(5)1.68 供电线
(0)1.82 信号线
(0)1.50 接地线

电控燃油泵执行器
(0.5)2.07 控制线
(0)2.05 接地线

(0)3.09 高端
(0)3.13 低端 1缸 1缸

(0)3.03 高端
(0)3.06 低端 2缸

(0)3.04 高端
(0)3.12 低端 3缸 4缸

(0)3.05 高端
(0)3.14 低端 4缸

(0)3.11 高端
(0)3.16 低端 5缸 3缸

(0)3.10 高端
(0)3.15 低端 6缸 2缸

六缸机 四缸机

四缸机发火顺序 1-3-4-2
六缸机发火顺序 1-5-3-6-2-4

1. ECU正极端子1.01/1.07/1.12/1.13相通；负极端子1.03/1.09/1.14/1.15相通。
2. 如需单独给ECU上电，需要给1.01/1.07/1.12/1.13接24V电源，1.03/1.09/1.14/1.15接电源−，T15端子1.39接24V电源。
3. 如诊断仪无法连接，可尝试跳线：诊断仪供电以及搭铁线连接好，从ECU上CAN线1.52/1.53单拉线接入诊断仪诊断口对应端子。

图 16-3-2 康明斯 CM800 电路图（二）

（2）康明斯 CM876 电路图（图 16-3-3、图 16-3-4）

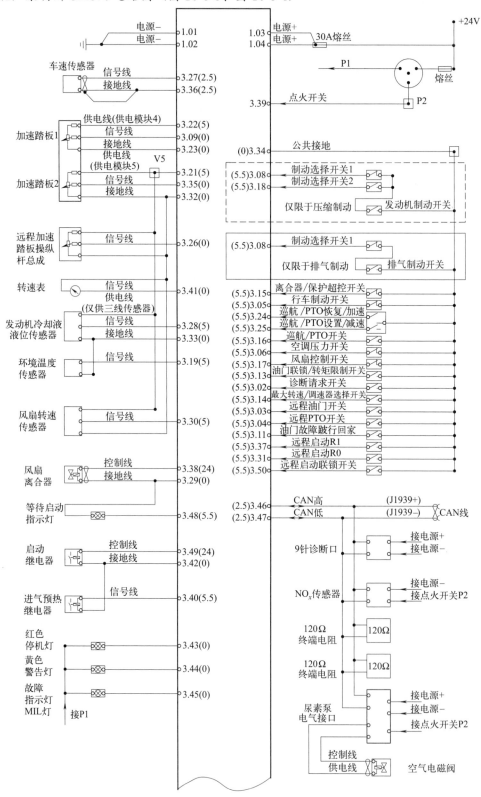

图 16-3-3　康明斯 CM876 电路图（一）

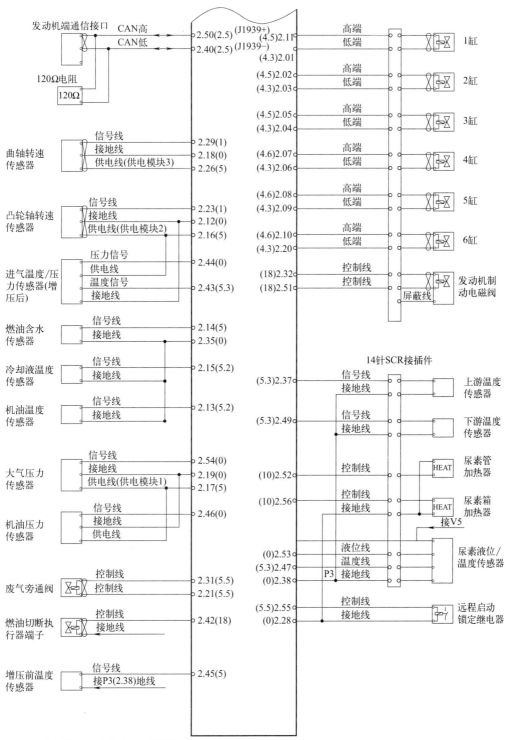

发动机端通信接口

CAN高　2.50(2.5)(J1939+)　(4.5)2.11　高端　1缸
CAN低　2.40(2.5)(J1939−)　(4.3)2.01　低端

120Ω电阻
120Ω

(4.5)2.02　高端　2缸
(4.3)2.03　低端

(4.5)2.05　高端　3缸
(4.3)2.04　低端

曲轴转速
传感器
信号线　2.29(1)
接地线　2.18(0)
供电线(供电模块3)　2.26(5)

(4.6)2.07　高端　4缸
(4.3)2.06　低端

凸轮轴转速
传感器
信号线　2.23(1)
接地线　2.12(0)
供电线(供电模块2)　2.16(5)

(4.6)2.08　高端　5缸
(4.3)2.09　低端

进气温度/压
力传感器(增
压后)
压力信号
供电线　2.44(0)
温度信号
接地线　2.43(5.3)

(4.6)2.10　高端　6缸
(4.3)2.20　低端

(18)2.32　控制线
(18)2.51　控制线　屏蔽线　发动机制动电磁阀

燃油含水
传感器
信号线　2.14(5)
接地线　2.35(0)

14针SCR接插件

冷却液温度
传感器
信号线　2.15(5.2)
接地线

(5.3)2.37　信号线　上游温度传感器
接地线

机油温度
传感器
信号线　2.13(5.2)
接地线

(5.3)2.49　信号线　下游温度传感器
接地线

大气压力
传感器
信号线　2.54(0)
接地线　2.19(0)
供电线(供电模块1)　2.17(5)

(10)2.52　控制线　HEAT　尿素管加热器

(10)2.56　控制线　HEAT　尿素箱加热器
接地线　接V5

机油压力
传感器
信号线
接地线　2.46(0)
供电线

(0)2.53　液位线　尿素液位/温度传感器
(5.3)2.47　温度线
P3　接地线
(0)2.38

废气旁通阀
控制线　2.31(5.5)
控制线　2.21(5.5)

(5.5)2.55　控制线　远程启动锁定继电器
(0)2.28　接地线

燃油切断执
行器端子
控制线　2.42(18)
接地线

增压前温度
传感器
信号线　2.45(5)
接P3(2.38)地线

1.ECU正极端子1.03/1.04相通；负极端子1.01/1.02相通。
2.同一个供电模块(××传感器)下的各个端子相通，如一个出现问题，会导致该模块下的其余端子工作异常。
3.如需单独给ECU上电，需要给1.03/1.04接24V电源，1.01/1.02接电源−，T15端子3.39接24V电源。
4.如诊断仪无法连接，可尝试跳线：诊断仪供电以及搭铁线连接好，从ECU上CAN线3.46/3.47单拉线接入诊断仪诊断口对应端子，注意需要并联一个120Ω电阻，否则可能无法通信。

图 16-3-4　康明斯 CM876 电路图（二）

（3）康明斯 CM2150 电路图（图 16-3-5～图 16-3-7）

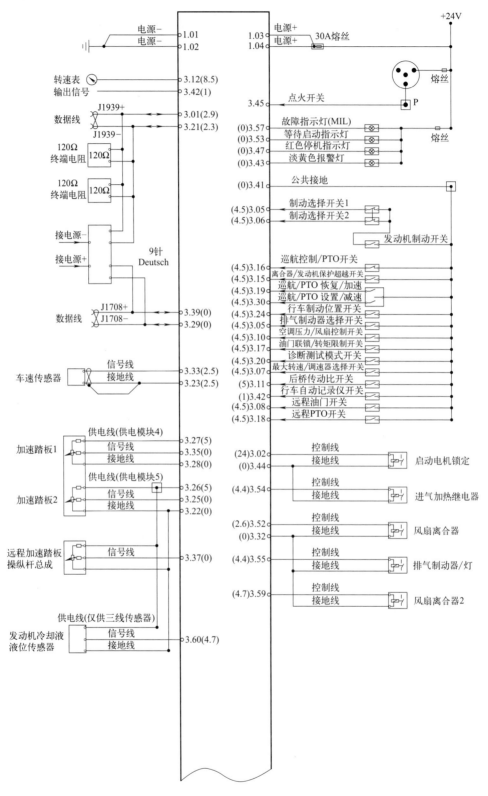

图 16-3-5　康明斯 CM2150 电路图（一）

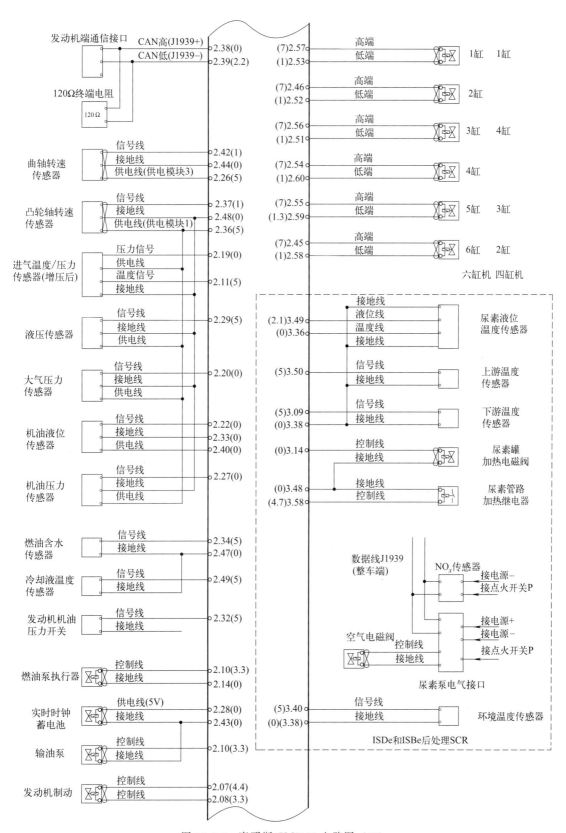

发动机端通信接口　CAN高(J1939+) — 2.38(0)
　　　　　　　　CAN低(J1939–) — 2.39(2.2)

120Ω终端电阻
120Ω

曲轴转速传感器　信号线 — 2.42(1)
　　　　　　　　接地线 — 2.44(0)
　　　　　　　　供电线(供电模块3) — 2.26(5)

凸轮轴转速传感器　信号线 — 2.37(1)
　　　　　　　　　接地线 — 2.48(0)
　　　　　　　　　供电线(供电模块1) — 2.36(5)

进气温度/压力传感器(增压后)　压力信号 — 2.19(0)
　　　　　　　供电线
　　　　　　　温度信号 — 2.11(5)
　　　　　　　接地线

液压传感器　信号线 — 2.29(5)
　　　　　　接地线
　　　　　　供电线

大气压力传感器　信号线 — 2.20(0)
　　　　　　　　接地线
　　　　　　　　供电线

机油液位传感器　信号线 — 2.22(0)
　　　　　　　　接地线 — 2.33(0)
　　　　　　　　供电线 — 2.40(0)

机油压力传感器　信号线 — 2.27(0)
　　　　　　　　接地线
　　　　　　　　供电线

燃油含水传感器　信号线 — 2.34(5)
　　　　　　　　接地线 — 2.47(0)

冷却液温度传感器　信号线 — 2.49(5)
　　　　　　　　　接地线

发动机机油压力开关　信号线 — 2.32(5)
　　　　　　　　　　接地线

燃油泵执行器　控制线 — 2.10(3.3)
　　　　　　　接地线 — 2.14(0)

实时时钟蓄电池　供电线(5V) — 2.28(0)
　　　　　　　　接地线 — 2.43(0)

输油泵　控制线 — 2.10(3.3)
　　　　接地线

发动机制动　控制线 — 2.07(4.4)
　　　　　　控制线 — 2.08(3.3)

(7)2.57 高端
(1)2.53 低端　1缸　1缸
(7)2.46 高端
(1)2.52 低端　2缸
(7)2.56 高端
(1)2.51 低端　3缸　4缸
(7)2.54 高端
(1)2.60 低端　4缸
(7)2.55 高端
(1.3)2.59 低端　5缸　3缸
(7)2.45 高端
(1)2.58 低端　6缸　2缸

六缸机 四缸机

(2.1)3.49 接地线
　　　　　液位线
　　　　　温度线　尿素液位温度传感器
(0)3.36 接地线

(5)3.50 信号线
(0)3.36 接地线　上游温度传感器

(5)3.09 信号线
(0)3.38 接地线　下游温度传感器

(0)3.14 控制线
　　　　接地线　尿素罐加热电磁阀

(0)3.48 接地线
(4.7)3.58 控制线　尿素管路加热继电器

数据线J1939(整车端)　NOx传感器　接电源–
　　　　　　　　　　　　　　　　接点火开关P

空气电磁阀　控制线
　　　　　　接地线　接电源+
　　　　　　　　　　接电源–
　　　　　　　　　　接点火开关P

尿素泵电气接口

(5)3.40 信号线
(0)(3.38) 接地线　环境温度传感器

ISDe和ISBe后处理SCR

图 16-3-6　康明斯 CM2150 电路图（二）

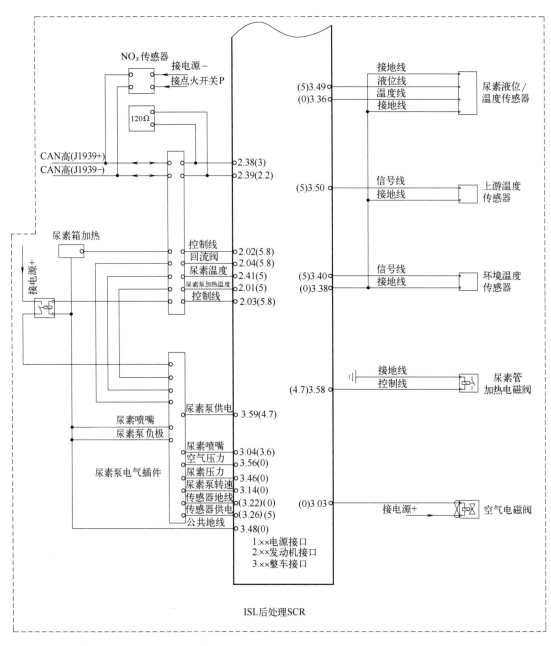

NOx传感器 接电源−
接点火开关P

120Ω

接地线
(5)3.49 液位线
温度线   尿素液位/
(0)3.36 接地线   温度传感器

CAN高(J1939+)
CAN高(J1939−)
2.38(3)
2.39(2.2)

信号线   上游温度
(5)3.50 接地线   传感器

尿素箱加热
接电源+

控制线   2.02(5.8)
回流阀   2.04(5.8)
尿素温度 2.41(5)
尿素泵加热温度 2.01(5)
控制线   2.03(5.8)

信号线   环境温度
(5)3.40 接地线   传感器
(0)3.38

尿素喷嘴
尿素泵负极

尿素泵供电   3.59(4.7)

接地线   尿素管
控制线   加热电磁阀
(4.7)3.58

尿素泵电气插件

尿素喷嘴   3.04(3.6)
空气压力   3.56(0)
尿素压力   3.46(0)
尿素泵转速 3.14(0)
传感器地线 (3.22)(0)
传感器供电 (3.26)(5)
公共地线   3.48(0)

接电源+   空气电磁阀
(0)3.03

1.××电源接口
2.××发动机接口
3.××整车接口

ISL后处理SCR

1.ECU正极端子1.03/1.04相通；负极端子1.01/1.02相通。
2.同一个供电模块(××号传感器)下的各个端子相通，如一个出现问题，会导致该模块下的其余端子工作异常。
3.如需单独给ECU上电，需要给1.03/1.04接24V电源，1.01/1.02接电源 −，T15端子3.45接24V电源。
4.如诊断仪无法连接，可尝试跳线：诊断仪供电以及搭铁线连接好，从ECU上CAN线3.01/3.21单拉线接入诊断仪
诊断口对应端子，注意需要并联一个120Ω电阻，否则可能无法通信。

图 16-3-7 康明斯 CM2150 电路图 （三）

（4）康明斯 CM2880 电路图（图 16-3-8、图 16-3-9）

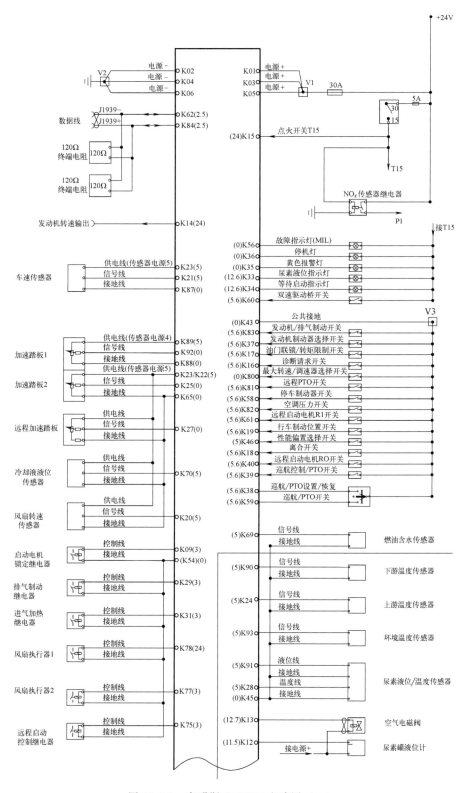

图 16-3-8 康明斯 CM2880 电路图（一）

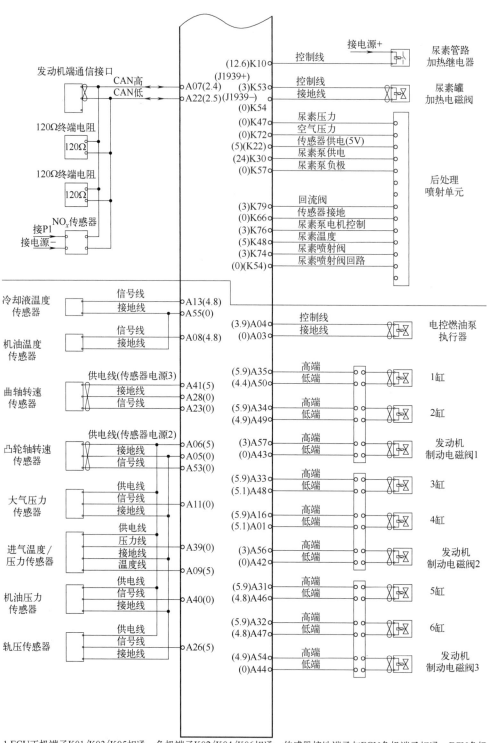

接电源+

	控制线	尿素管路加热继电器
(12.6)K10	控制线	

发动机端通信接口

CAN高　　A07(2.4)
CAN低　　A22(2.5)

(J1939+)

(3)K53　控制线　尿素罐
　　　　接地线　加热电磁阀3
(J1939−)

(0)K54

120Ω终端电阻

120Ω

120Ω终端电阻

120Ω

(0)K47	尿素压力	
(0)K72	空气压力	
(5)(K22)	传感器供电(5V)	
(24)K30	尿素泵供电	后处理喷射单元
(0)K57	尿素泵负极	
(3)K79	回流阀	
(0)K66	传感器接地	
(3)K76	尿素泵电机控制	
(5)K48	尿素温度	
(3)K74	尿素喷射阀	
(0)(K54)	尿素喷射阀回路	

接P1
接电源−　NO$_x$传感器

冷却液温度传感器　信号线　A13(4.8)
　　　　　　接地线　A55(0)

机油温度传感器　信号线　A08(4.8)
　　　　　　接地线

(3.9)A04	控制线	电控燃油泵执行器
(0)A03	接地线	

曲轴转速传感器
供电线(传感器电源3)　A41(5)
接地线　A28(0)
信号线　A23(0)

(5.9)A35	高端	1缸
(4.4)A50	低端	
(5.9)A34	高端	2缸
(4.9)A49	低端	

凸轮轴转速传感器
供电线(传感器电源2)　A06(5)
接地线　A05(0)
信号线　A53(0)

(3)A57	高端	发动机制动电磁阀1
(0)A43	低端	
(5.9)A33	高端	3缸
(5.1)A48	低端	

大气压力传感器
供电线
信号线　A11(0)
接地线

(5.9)A16	高端	4缸
(5.1)A01	低端	

进气温度/压力传感器
供电线
压力线　A39(0)
接地线
温度线　A09(5)

(3)A56	高端	发动机制动电磁阀2
(0)A42	低端	

机油压力传感器
供电线
信号线　A40(0)
接地线

(5.9)A31	高端	5缸
(4.8)A46	低端	
(5.9)A32	高端	6缸
(4.8)A47	低端	

轨压传感器
供电线
信号线　A26(5)
接地线

(4.9)A54	高端	发动机制动电磁阀3
(0)A44	低端	

1.ECU正极端子K01/K03/K05相通；负极端子K02/K04/K06相通；传感器接地端子与ECU负极端子相通；ECU负极端子与外壳不相通。

2.同一个传感器电源下的各个端子相通，如一个出现问题，会导致该模块下的其余端子工作异常。

3.如需单独给ECU上电，需要给K01/K03/K05接24V电源，K02/K04/K06接电源−，T15端子K15接24V电源。

4.如诊断仪无法连接，可尝试跳线；诊断仪供电以及搭铁线连接好，从ECU上K62/K84单拉线接入诊断仪诊断口对应端子，如无法通信，尝试在CAN线上并联一个120Ω电阻。

图 16-3-9　康明斯 CM2880 电路图（二）

（5）康明斯 CM850（康明斯 ISBE4 CM850 依米泰克 SCR）电路图（图 16-3-10、图 16-3-11）

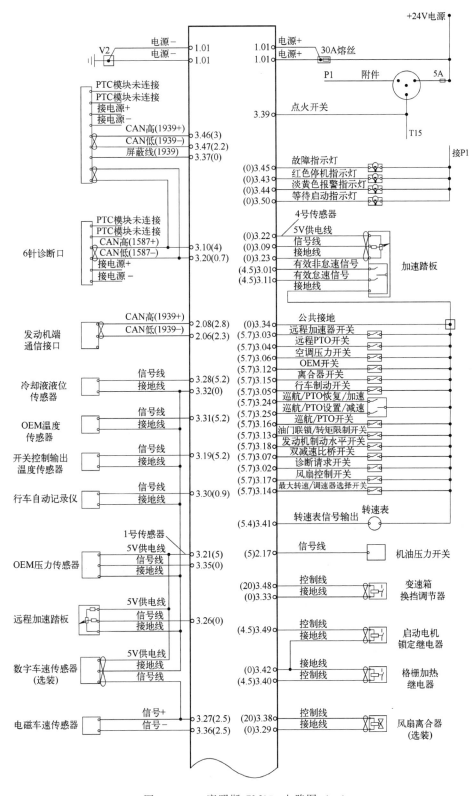

图 16-3-10 康明斯 CM850 电路图（一）

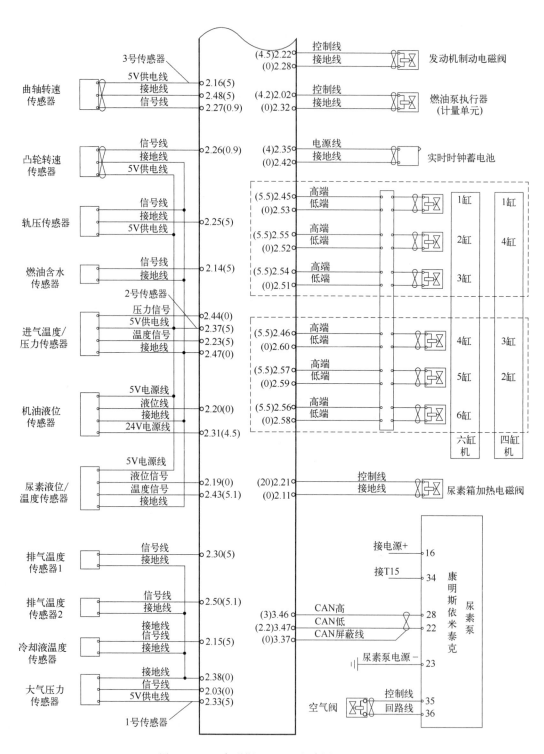

图 16-3-11　康明斯 CM850 电路图（二）

（6）康明斯 CM2220（康明斯 ISF3.8 CM2220 ＋ DCU17 ＋ 博世 2.2）电路图（图 16-3-12～图 16-3-14）

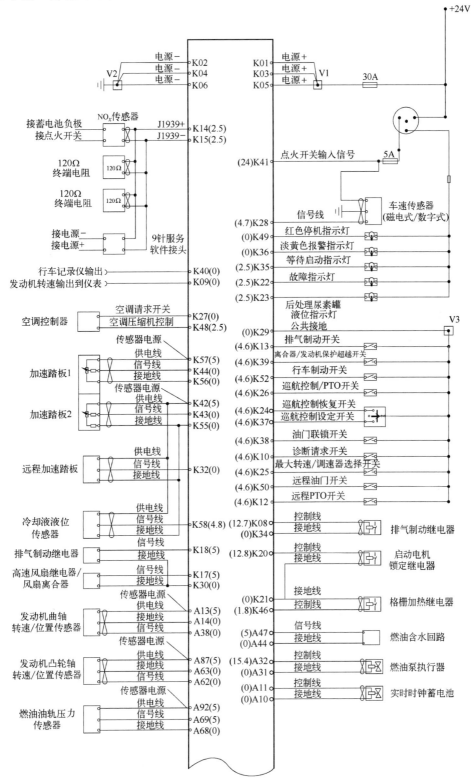

图 16-3-12　康明斯 CM2220 电路图（一）

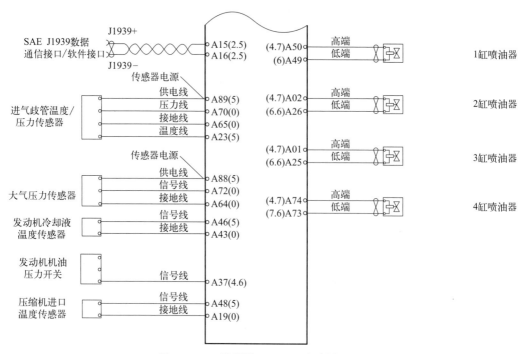

图 16-3-13　康明斯 CM2220 电路图（二）

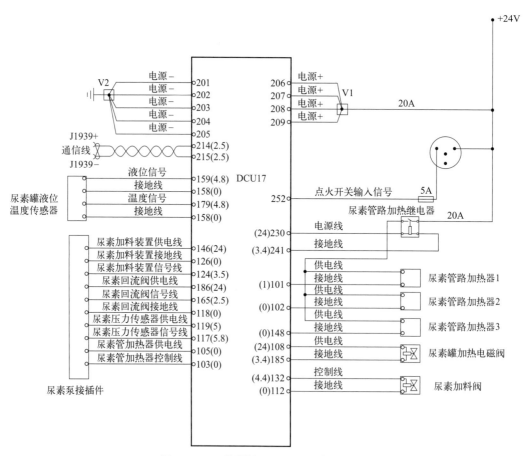

图 16-3-14　康明斯 CM2220 电路图（三）

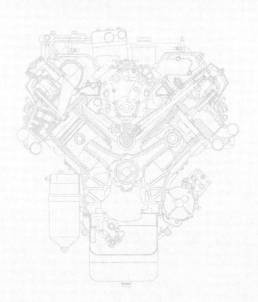

第**17**章
康明斯发动机
维修保养

17.1
康明斯发动机的使用

（1）启动

① 启动电机与飞轮啮合持续运转时间不超过 30s，两次启动间隔时间至少 2min。

② 发动机怠速时间不超过 5min，否则会使燃烧不良而导致积炭和燃油外泄。

（2）运行

① 发动机怠速时机油压力高于 70kPa，转速升至 1200r/min 时高于 207kPa。

② 低于峰值转矩转速全负荷持续运行时间不超过 30s。

③ 不允许发动机在超过 2450r/min 的转速下运行。

④ 使用发动机制动器过程中，发动机转速不得高于额定转速。

⑤ 发动机冬季运行时，使用乙二醇与水各占 50％的冷却液，使用冬季润滑油，使用冬季燃油。

17.2
康明斯发动机的维护保养

　　以最先到达的间隔为准进行维护保养，每次到达规定的维护保养间隔时，应执行维护保养规程规定的所有先前的维护保养检查：每日一次的维护保养检查；250h 或 3 个月时的维护保养检查；500h 或 6 个月时的维护保养检查；1000h 或 1 年时的维护保养检查；2000h 或 2 年时的维护保养检查；5000h 或 4 年时的维护保养检查。

17.2.1　每日一次的维护保养检查

（1）检查曲轴箱呼吸器管

检查呼吸器管中有无泥污、碎屑或结冰。在寒冷天气时，要经常检查呼吸器管。

（2）检查发动机机油液位

为保证测量的准确，必须使发动机保持水平，并在停机时测量。停机至少15min之后才检查机油液位，保证有足够的时间使机油流回油底壳。

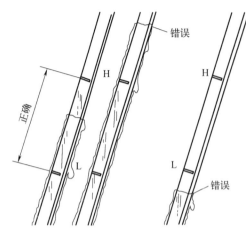
图 17-2-1　检查发动机机油液位

注意，切勿在液位低于低位标记（L）或高于高位标记（H）的状态下运转发动机，否则会造成发动机性能下降或损坏发动机（图17-2-1）。液位过高会造成发动机过热、曲轴箱压力高、功率不足等。

（3）检查发动机冷却液液位

向发动机中添加的补充冷却液必须合格，以避免损坏发动机。

注意，不要从热发动机上打开压力盖，应等冷却液温度降至50℃以下时再拆下压力盖，否则高温冷却液或蒸汽喷出，可能会造成人身伤害；不要使用密封添加剂解决冷却系统泄漏问题，这将导致冷却系统阻塞以及冷却液流动不畅，从而引起发动机过热，不要向热的发动机中添加冷的冷却液，否则会损坏发动机铸件，等到发动机温度降至50℃以下再添加冷却液。

（4）检查油水分离器

每天排放分离器中的水和沉积物。

① 罐装式　关闭发动机，上推排放阀，直到水和沉积物完全从排放管中排出，看见清洁的燃油（图17-2-2）。

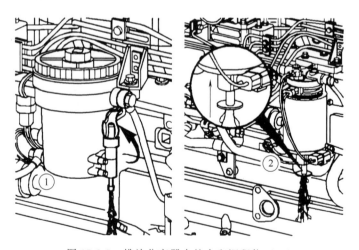
图 17-2-2　排放分离器中的水和沉积物（一）

② 旋装式　关闭发动机，逆时针转动阀约3½圈，直到阀下降25mm左右并开始排放水和沉积物，直到看见清洁的燃油（图17-2-3）。

（5）检查储气罐和储液罐

如果使用自动排气阀，检查该阀是否正常工作。如果湿式储气罐上使用手动排气阀，打开储液罐上的排放螺塞以排出聚集在空气系统中的湿气（图17-2-4）。如果发现机油，必须检查空气压缩机系统。

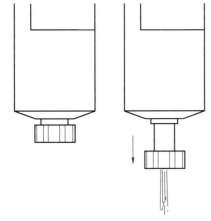

图 17-2-3　排放分离器中的水和沉积物（二）

图 17-2-4　排出聚集在空气系统中的湿气

（6）检查进气管

每天目测检查进气管有无磨损点、管路损坏、卡箍松动或管路破裂等可能损坏发动机的迹象。如有必要，更换损坏的管子，拧紧松动的卡箍，以确保空气系统不泄漏。检查进气管的卡箍和软管是否腐蚀，腐蚀会使腐蚀物等进入进气系统。如果需要，解体并进行清洁。

（7）检查冷却风扇

每天目测检查冷却风扇（图 17-2-5）。检查有无裂纹、铆钉松动、叶片弯曲或松动，确保风扇叶片安装牢固，如果需要，拧紧螺栓。

17.2.2　250h 或 3 个月时的维护保养检查

（1）检查空气滤清器进气阻力

机械式阻力指示器用于显示通过干式空气滤清器的空气阻力是否过高。该装置可以安装于空气滤清器出口或仪表板上。随着滤芯中污物的积聚，窗口中的红色标记逐渐上升。更换滤芯后，按复位按钮复位指示器（图 17-2-6）。

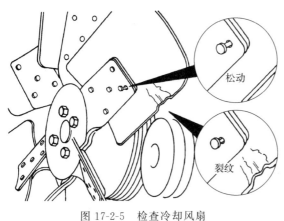

图 17-2-5　检查冷却风扇

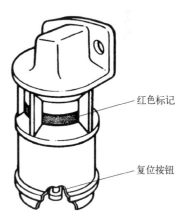

图 17-2-6　检查空气滤清器进气阻力

（2）检查空空中冷器

检查空空中冷器有无堵塞散热片的污垢和碎屑（图 17-2-7），检查有无裂纹、孔洞或其他损坏。

（3）检查空空中冷器管路

检查空空中冷器管路有无泄漏、裂纹或松动等。如有必要，拧紧软管卡箍（图 17-2-8）。

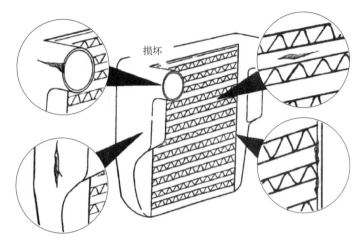

图 17-2-7　检查空空中冷器

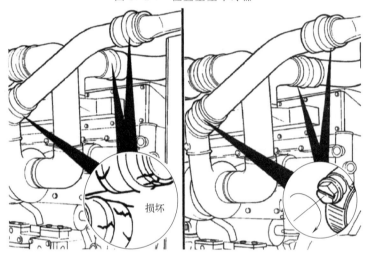

图 17-2-8　检查空空中冷器管路

（4）检查燃油泵

检查燃油泵安装螺母、支架有无松动或损坏（图 17-2-9）。

（5）检查空压机

检查空压机的装配螺母、尾部支架是否松动以及有无损坏的紧固件（图 17-2-10）。

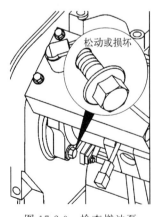

图 17-2-9　检查燃油泵

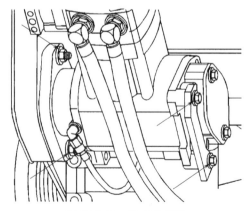

图 17-2-10　检查空压机

（6）更换发动机机油

运行发动机直至水温达到60℃，停机然后排放机油（图17-2-11），在机油还热时排放机油，脏物悬浮在机油中。加注的机油必须符合要求。

图17-2-11　排放机油

（7）更换机油滤清器

安装机油滤清器前，用干净的机油填充并在密封圈表面涂一薄层机油（图17-2-12）。拧紧滤清器直至密封垫接触滤清器座表面为止，在密封垫接触到滤清器座后，拧紧3/4圈。

（8）更换燃油滤清器

安装燃油滤清器前，不允许预注燃油滤清器，要借助燃油输油泵为其注油。安装燃油滤清器前，在密封圈表面涂一薄层机油（图17-2-13）。拧紧滤清器直至密封垫接触滤清器座表面为止，再将燃油滤清器拧紧3/4圈。接通点火开关（不要启动发动机），输油

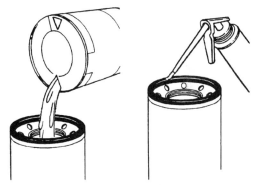

图17-2-12　用干净的机油填充并在密封圈表面涂一薄层机油

泵运转30s加注燃油系统（图17-2-14）。关闭点火后等待10s再接通，输油泵又运转。

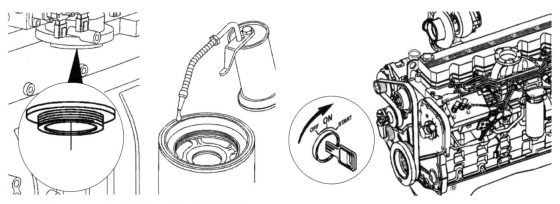

图17-2-13　在密封圈表面涂一薄层机油　　　　图17-2-14　加注燃油系统

17.2.3　500h或6个月时的维护保养检查

（1）更换冷却液滤清器

按图17-2-15所示方向将旋钮从垂直位置转到水平位置，从而关闭切断阀。拆卸冷却液

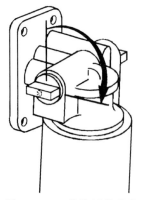

图 17-2-15　将旋钮从垂直
位置转到水平位置

滤清器，清理密封垫表面（图 17-2-16）。

　　安装新的冷却液滤清器，在此之前，在密封垫表面涂一薄层机油（图 17-2-17）。将冷却液滤清器安装在滤清器座上。拧紧滤清器，直至密封垫接触滤清器座表面为止。

　　将冷却液滤清器再拧紧 1/2～3/4 圈。将旋钮从水平位置转到垂直位置，从而打开切断阀。安装冷却系统压力盖。运转发动机，检查有无冷却液泄漏。再次检查冷却液的液位。

　　（2）检查辅助冷却液添加剂（SCA）和防冻液浓度

　　① 检查 SCA 的浓度　每年至少检查 2 次。如果浓度超过 3 个单位，按随后的机油更换间隔进行检查。更换滤清器后只要向冷却系统中添加了冷却液，就要进行检查。

　　使用 Fleetguard® 冷却液测试组件（图 17-2-18）检查 SCA 浓度。

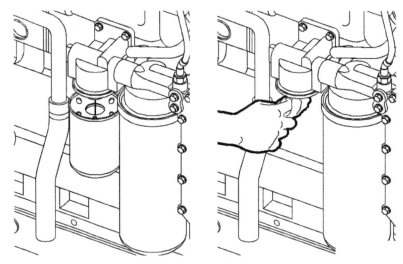

图 17-2-16　拆卸冷却液滤清器并清理密封垫表面

图 17-2-17　在密封垫表面涂一薄层机油

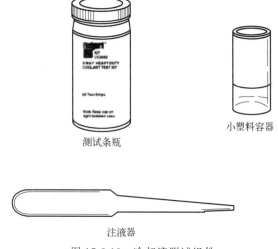

测试条瓶

小塑料容器

注液器

图 17-2-18　冷却液测试组件

② 检查防冻液浓度 使用 50% 水和 50% 乙二醇或丙二醇基的防冻液，能够全年保证发动机在 -32℃ 的温度下运行。Fleetguard® 折射仪可靠、易读，能精确地测量冰点保护和防冻液浓度（图 17-2-19）。

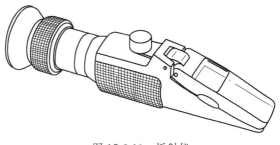

图 17-2-19 折射仪

17.2.4 1000h 或 12 个月时的维护保养检查

（1）检查多楔带

检查多楔带是否有交叉裂纹（图 17-2-20），横向（宽度方向）裂纹可以接受，与横向裂纹交叉的纵向（皮带长度方向）裂纹是不能接受的。如果多楔带磨损或残缺，则进行更换。

多楔带的损坏可能由下列原因造成：张力不正确；规格和长度不正确；带轮没有对正；安装不正确；工作环境恶劣；多楔带表面有机油或润滑脂。

（2）检查齿形带

如果齿形带有裂纹、磨损或残缺，则进行更换（图 17-2-21）。细小的裂纹是可以接受的。齿形带表面光滑发亮表明存在打滑。

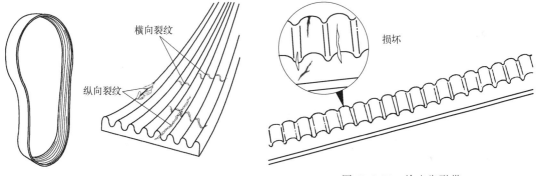

图 17-2-20 检查多楔带　　　　　　　　　　图 17-2-21 检查齿形带

齿形带的损坏可能由下列原因造成：张力不正确；规格和长度不正确；带轮没有对正；安装不正确；工作环境恶劣；齿形带表面有机油或润滑脂。

（3）测量皮带张力

在两带轮的中心位置测量皮带张力。根据所用皮带的宽度选择正确的仪表和张力值。使用挠度法，在带轮间的皮带上施加 110N 的作用力，检查皮带张力（图 17-2-22）。如果每英尺❶带轮中心距的挠度超过了皮带厚度，必须调整皮带张力。

对于齿形带，确保皮带张力规安装到位，使中心张紧杆在一个齿顶点的正上方（图 17-2-23）。其他的位置将导致测量结果不正确。

（4）检查冷却风扇皮带张紧器

在最长皮带跨距上检查皮带挠度，必须在跨距的中心点进行。允许的最大皮带挠度为 9.5～127mm。使用皮带张力规测量传动带张力，需在 360～480N·m 的范围内（图 17-2-24）。

检查张紧器臂、带轮和限位块有无裂纹。如果发现裂纹，必须更换张紧器（图 17-2-25）。在安装了皮带的情况下，核实张紧器臂限位块不与弹簧壳止动块接触，如果接触，必须更换驱动皮带。在更换皮带后，如果张紧器臂限位块仍然与弹簧壳止动块接触，

---

❶ 1 英尺＝1ft＝0.3048m。

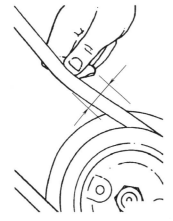

图 17-2-22　测量皮带张力

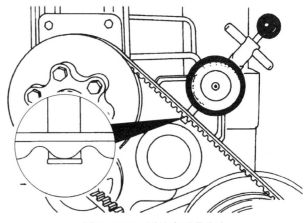

图 17-2-23　测量齿形带张力

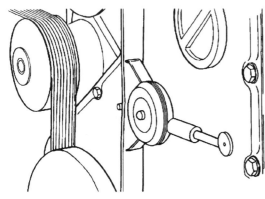

图 17-2-24　使用皮带张力规测量传动带张力

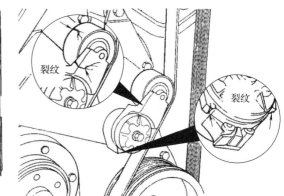

图 17-2-25　检查张紧器臂、带轮和限位块

则更换张紧器（图 17-2-26）。

（5）检查皮带驱动风扇轮毂

拆下驱动皮带。风扇轮毂轴向间隙（风扇轮毂转动时不能存在任何摆动或过大的轴向间隙）最大为 0.15mm（图 17-2-27）。

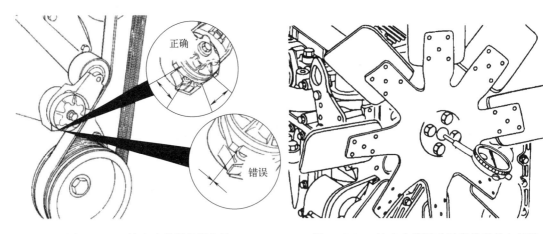

图 17-2-26　检查张紧器臂限位块　　　　　　图 17-2-27　检查皮带驱动风扇轮毂轴向间隙

（6）检查增压器

从涡轮增压器上拆下进气管，检查涡轮增压器压气机叶轮叶片是否损坏（图17-2-28），如果损坏，检查进气管和滤清器芯子是否损坏（图17-2-29）。

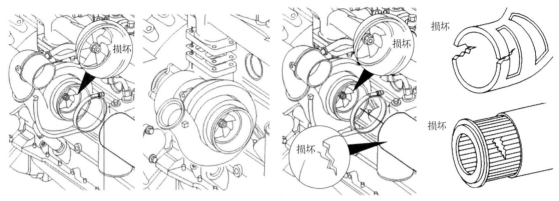

图17-2-28　检查涡轮增压器压气机叶轮叶片　　　图17-2-29　检查进气管和滤清器芯子

17.2.5　2000h 或 2 年时的维护保养检查

（1）冲洗冷却系统

注意，不要从热发动机上打开散热器压力盖（图17-2-30）。应等待冷却液温度降至50℃以下时才能打开压力盖，否则高温冷却液或蒸汽喷出可能会造成人身伤害。另外，冷却液有毒，避免儿童与宠物接触冷却液。如果不再继续使用，应按照当地环保法规进行处理。

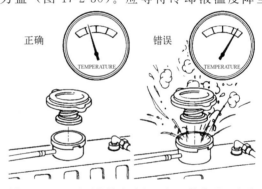

打开散热器排水阀，拆下进水管底部的螺塞，排放冷却液（图17-2-31）。检查有无损坏的软管以及松动或损坏的软管卡箍，如有必要进行更换（图17-2-32）。检查散热器是否泄漏、损坏或有积垢，如有必要清洗或更换。

图17-2-30　不要从热发动机上打开散热器压力盖

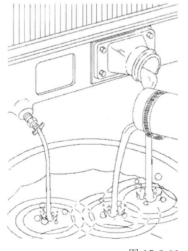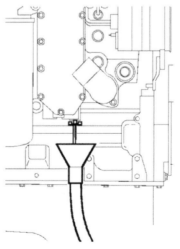

图17-2-31　排放冷却液

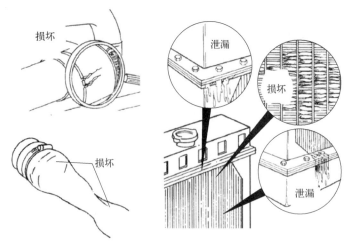

图 17-2-32　检查软管、卡箍及散热器

　　冲洗冷却系统时，必须正确加注碳酸钠和水的混合液（每 23L 水中加 0.5kg 碳酸钠），以免产生气锁。加注时，必须将空气排出发动机冷却液通道（图 17-2-33）。对于中冷式发动机，一定要打开中冷器上的旋塞，等待 2～3min 以使空气排出，然后加入混合液使液位达到顶部（图 17-2-34）。按 19L/min 的速度加注时，能做到充分排气。使发动机在冷却液温度高于 80℃的情况下运转 5min。注意，不要安装散热器盖，在此过程中发动机应在无压力盖情况下运转。关闭发动机，放掉冷却系统中的混合液。用优质水注满冷却系统（图 17-2-35）。

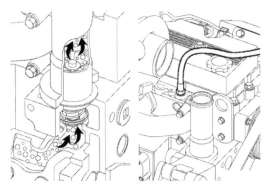

图 17-2-33　将空气排出发动机冷却液通道

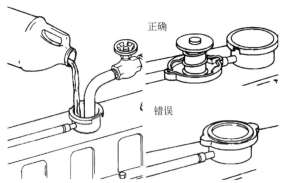

图 17-2-34　加入碳酸钠和水的混合液

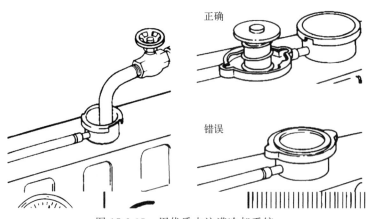

图 17-2-35　用优质水注满冷却系统

使发动机在冷却液温度高于80℃的情况下运转5min。不要装上散热器盖或使用新冷却液滤清器。关闭发动机，放掉冷却系统中的冲洗液（图17-2-36）。如果排出的水仍然很脏，必须再次冲洗系统，直到排出清洁的水。

图17-2-36　运转5min后放掉冷却系统中的冲洗液

冷却系统应使用特定容量的冷却液，如果冷却液液位较低，发动机将会过热。如果经常需要添加冷却液，则表明发动机或冷却系统可能泄漏。找到泄漏点并维修。冷却系统设计加注速度为19L/min。向冷却系统加注符合要求的冷却液（图17-2-37）。

安装压力盖，运转发动机，直至冷却液温度达到80℃，并检查有无冷却液泄漏（图17-2-38）。再次检查冷却液液位，确保冷却液充满了整个冷却系统。

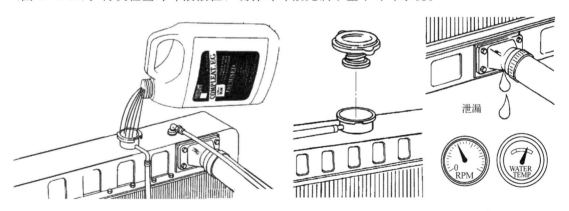

图17-2-37　加注冷却液　　　　　　　图17-2-38　安装压力盖并检查

（2）检查橡胶减振器

检查减振器轮和惯性构件上的标记线。如果两条线的偏离超过1.59mm，就要更换减振器（图17-2-39）。

检查橡胶构件是否老化。如果橡胶块丢失或弹性构件在金属表面以下超过3.18mm，则更换减振器。

检查轮毂上减振器环是否前移。如果发现有前移，则更换减振器（图17-2-40）。

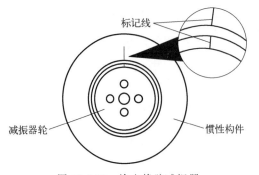

图 17-2-39　检查橡胶减振器

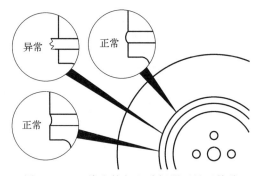

图 17-2-40　检查轮毂上减振器环是否前移

（3）检查黏性减振器

检查减振器有无硅油损失、凹坑以及是否晃动。检查减振器的厚度，看减振器盖板有无变形或凸起（图 17-2-41）。

注意，经过长时间的使用，减振器中的硅油逐渐转变成固体，从而使减振器失效，进而导致严重的发动机或传动系统故障。

（4）检查排气管路

测量排气管路中积炭总厚度（图 17-2-42），如果积炭总厚度（$X+X$）超过 2mm，清洗并检查缸盖气门总成和排气管路。如有必要进行更换。

如果积炭总厚度超出技术规范，继续检查连接到第一储气罐上的排气管路，直到管内的积炭总厚度小于 2mm。清洗或更换超出技术规范的管子或接头（图 17-2-43）。

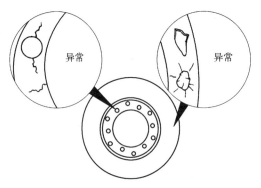

图 17-2-41　检查黏性减振器

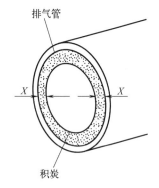

图 17-2-42　测量排气管路中积炭总厚度

（5）检查发动机悬置

检查所有悬置有无裂纹或损坏。检查所有安装支架有无裂纹或损坏的螺栓孔。检查发动机安装螺母和螺栓，如有松动应拧紧（图 17-2-44）。

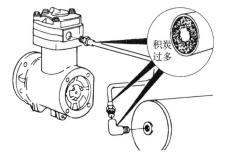

图 17-2-43　清洗或更换超出技术规范的管子或接头

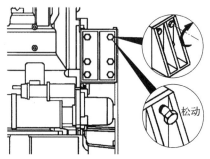

图 17-2-44　检查发动机悬置

17.2.6 5000h 或 4 年时的维护保养检查

每 241500km、5000h 或 4 年需调整气门间隙。所有气门和喷油器的调整必须在发动机冷态下（冷却液温度稳定在 60℃或以下）进行。

气门设置标记（图 17-2-45）位于减振器上，该标记对准齿轮室盖上的指示箭头。指示箭头位于前齿轮室的左下角，可能不易发现，为方便可见，可以使用油漆笔标记指示箭头。

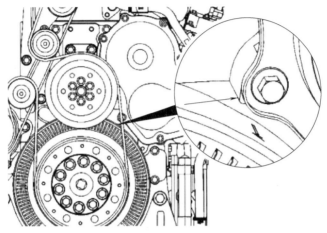

图 17-2-45 气门设置标记

曲轴旋转的方向为顺时针（从发动机的前面观察）。气缸从发动机前齿轮室向后端依次编号（图 17-2-46）。发火顺序为 1-5-3-6-2-4。

每个气缸有两个摇臂（图 17-2-47）：长摇臂（E）是排气门摇臂；短摇臂（I）是进气门摇臂。

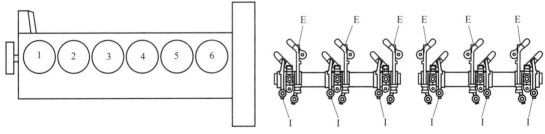

图 17-2-46 气缸编号　　　　　　　　　　　图 17-2-47 摇臂

调整所有气门需要旋转曲轴两周。按照气门调整顺序表（表 17-2-1）调整所有气门。

表 17-2-1 气门调整顺序表

沿旋转方向拖动发动机	减振器位置	设置气缸
开始	A	1
转至	B	5
转至	C	3
转至	A	6
转至	B	2
转至	C	4

这种调整可从任一气门设置标记开始。例如，调整从气门设置标记 A 开始，同时 1 号气缸的气门关闭并准备调整。使用减振器顺时针旋转曲轴，直到减振器上的气门设置标记 A 对准齿轮室盖上的指示箭头。

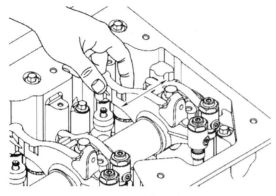

A 标记对准指示箭头时，1 号气缸的进气门和排气门必须关闭。如果不能满足上述要求，必须重新调整 6 号气缸的气门，调整该气缸上气门是为使进气门和排气门摇臂松动，并且能够横向移动自如。进气门和排气门摇臂松动并且能够横向移动自如时（图 17-2-48），两个气门关闭。

图 17-2-48　摇臂横向移动自如

当气门设置标记 A 对准齿轮室盖上的指示箭头，并且待调整的气缸上的进气门和排气门关闭时，松开进、排气门上的调整螺钉锁紧螺母（图 17-2-49）。

选择符合所在环境温度的气门间隙技术规范的塞尺。气门间隙技术规范：进气门 0.36mm；排气门 0.69mm。将塞尺插入跨接压板顶面与摇臂底脚之间（图 17-2-50）。

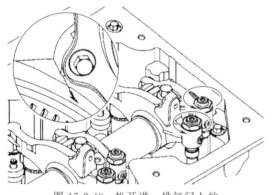

图 17-2-49　松开进、排气门上的
调整螺钉锁紧螺母

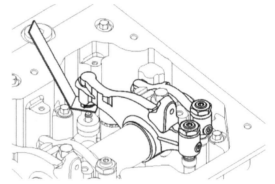

图 17-2-50　将塞尺插入跨接压板
顶面与摇臂底脚之间

有扭矩扳手法和接触法两种不同的气门间隙调整方法。可采用任一方法，但扭矩扳手法被认为是最行之有效的方法。

使用扭矩扳手法时，将调整螺钉固定在图 17-2-51 所示位置。拧紧锁紧螺母时，不能转动调整螺钉。锁紧螺母拧紧到正确的扭矩值后，检查并确认塞尺可在跨接压板顶面和摇臂推面间前后滑动时只有轻微的阻滞感（图 17-2-52）。调节好气门后，使用记号笔标记每个气门的设置。

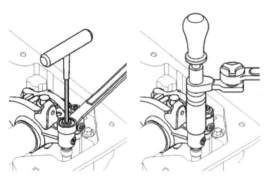

图 17-2-51　拧紧锁紧螺母

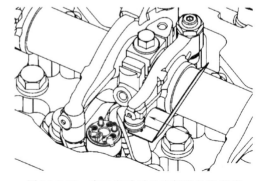

图 17-2-52　塞尺滑动时只有轻微的阻滞感

如果使用接触法，试着将厚度为 0.03mm 的塞尺插入跨接压板和摇臂底脚之间。如果可以插入更厚的塞尺，则气门间隙不正确。

调整完相应气缸上的气门后，使用减振器旋转曲轴，并将下一个气门设置标记对准齿轮室盖上的指示箭头。

17.3 康明斯发动机的维修

17.3.1 基本要求与注意事项

(1) 修理发动机的基本要求

① 清洁。

② 合格的配件。

③ 正确的拆装步骤。

④ 正确的结构尺寸。

⑤ 正确的维修工具。

⑥ 正确的紧固扭矩。

⑦ 正确的检验测试。

(2) 拆解时的注意事项

① 首先放干机油、冷却液、柴油。

② 以下机件需要做标记：摇臂组件；连杆组件；连杆轴瓦、主轴瓦；增压器的分解件。

③ 同一系统的零件应放在一起。

④ 各种管路不得弯折。

⑤ 精密的零件，如活塞、喷油器、轴瓦、缸盖等不要直接放在地上，应放在容器或专门的支架上。

⑥ 有些零件需要用专用工具才能拆下来，如燃油泵齿轮、缸套、气门等。

⑦ 检查各零件是否可以再用。

(3) 清洗时的注意事项

必须清除零件上任何可能污染发动机系统的碎屑，保持密封垫良好的密封表面。

① 溶剂和酸碱清洗。将零件放入清洗箱前，一定要使用钢丝刷或刮刀除去零件上的所有密封垫、O 形圈以及沉积的油泥和积炭。注意不要损坏任何密封表面。不要使用高碱性溶液。

清洗后用热水冲洗所有零件。使用压缩空气彻底吹干零件。吹干所有螺栓孔和机油油道中的水。如果零件不立即使用，将它们蘸一些适当的防锈剂。注意，组装或将零件安装到发动机中前，必须从零件上去除防锈剂。

② 蒸汽清洗。采用蒸汽清洗，能除去所有形式的污物，这是一种清洗机油油道和冷却液通道的好方法。

不能使用蒸汽清洗以下零件：电气部件，导线线束，喷油器，燃油泵，皮带和软管轴承（滚珠或滚锥）；电子控制模块（ECM）；ECM 接头；喷射控制单元；NO_x 传感器。

(4) 燃油系统维修注意事项

在维修任何燃油系统部件之前，应清洁管接头、安装件和要拆卸部件周边区域。喷油器的内部油道通常非常细小，极易被污染物堵塞。燃油喷射系统在非常高的压力下工作，高压燃油能使异物颗粒变成非常具有研磨性的污染物，它们会损坏高压泵吸部件和喷油器。

如果没有蒸汽清洗工具，可使用电气触点清洗剂。清洗燃油系统管接头上的污物和碎屑时，使用电气触点清洁剂，而不要使用压缩空气。暴露在外的燃油系统零件上的燃油会吸附大气污染物。选择不起毛的毛巾进行燃油系统的操作。

只要打开燃油系统，就要盖住或塞住燃油管路、接头和油口。从发动机上拆卸燃油管或管接头时，确保去除脱落的油漆碎片/碎屑。

用来进行燃油系统故障判断和排除的工具需定期清洁，以避免污染。和燃油系统零件一样，如果工具表面覆有机油或燃油，它们就会吸附大气污染物。关于燃油系统工具需记住以下几点：应尽可能保持燃油系统工具清洁；在将工具放回工具箱之前清洁并干燥；如果可能，将燃油系统工具存放在密闭容器中；使用前确保燃油系统工具清洁。

（5）发动机组装时的注意事项

① 所有的密封件都要换新。

② 螺栓由里向外交叉拧紧，所有螺栓都有扭矩要求。主轴承螺栓、燃油泵螺栓、连杆螺栓、缸盖螺栓分步骤拧紧。

③ 轴瓦、传动件、缸套装回原位，偶件不得互换，连杆盖和杆体正确连接。

④ 安装时润滑瓦面、螺栓螺纹、传动件。注意瓦背千万不能润滑。

⑤ 主轴承盖、活塞、连杆有组装方向。

⑥ 传动系统要求对正时：凸轮轴齿轮与曲轴齿轮；燃油泵齿轮与凸轮轴齿轮。

⑦ 以下零部件在安装完后要进行测试：连杆大头与曲轴的间隙；曲轴的轴向间隙；凸轮轴的轴向间隙；凸轮轴齿轮背隙；喷油器凸出量；活塞环开口间隙；气门深度；增压器叶轮组的轴向和径向间隙。

17.3.2　部件安装

（1）缸体

① 缸体必须干净、干燥且关键区域无毛刺、飞边。

② 安装主油道上带 O 形密封圈的螺塞。

标准扭矩：8N·m±1N·m。

③ 安装挺杆导向销（安装前涂以密封胶如果未预涂密封胶）。

④ 安装后端面定位环销。

⑤ 安装缸盖接合面定位环销。

⑥ 安装鞍状喷射式活塞冷却喷嘴，插入工具必须与整个活塞冷却喷嘴法兰接触。

安装直喷式活塞冷却喷嘴，确保喷嘴完全落座，校正销位于缸体上的校正孔中。

安装螺栓并拧紧，标准扭矩：27N·m±3N·m。

⑦ 安装齿轮室定位环销（安装前定位环销涂以密封胶）。

⑧ 在缸体上安装发动机转速传感器。

标准扭矩：24N·m±3N·m。

（2）凸轮轴

① 在缸体上安装凸轮轴衬套，确保衬套上的油孔与缸体上的油孔对中。

② 安装凸轮轴键。

③ 安装凸轮轴止推片。

④ 压装凸轮轴齿轮。

将齿轮分层放在电热干燥箱中至少加热 45min，但不能超过 3h，温度达到 120℃以上，从干燥箱中取出齿轮。对准齿轮的键槽和凸轮轴上的定位销，将齿轮压到凸轮轴上，确保齿轮贴在轴肩上。

⑤ 润滑凸轮轴轴颈及凸轮。

⑥ 将凸轮轴装入缸体。保证凸轮轴齿轮上的正时标记与曲轴齿轮的正时标记对齐。

⑦ 安装凸轮轴止推板，拧紧螺栓。

标准扭矩：24N·m±4N·m。

⑧ 检查凸轮轴齿轮齿侧隙。

⑨ 检查凸轮轴轴向间隙，不能超过 0.050mm。

⑩ 安装凸轮轴轴孔碗形塞，碗形塞应平齐或低于缸体后端面且不能接触凸轮轴。

（3）连杆

① 松开连杆端盖，润滑连杆轴瓦内孔表面，安装连杆轴瓦确保连杆轴瓦定位舌装在连杆上的定位槽内。

② 润滑缸套内部，将连杆和活塞裙部插入缸体。

注意，安装活塞时，保证连杆不会撞击缸壁。如果使用直喷式活塞冷却喷嘴，保证活塞裙部的缺口与活塞冷却喷嘴对齐。对于斜切口连杆，连杆配合面朝向缸体凸轮轴侧。

③ 完成活塞安装。确保连杆轴瓦与曲轴轴颈相配。

④ 润滑连杆螺栓及轴瓦，将装好轴瓦的端盖装配到连杆上，确保配对顺序号正确。

最终扭矩：100N·m～147N·m。

⑤ 拧紧连杆螺栓。

a. 平切口连杆夹紧力：71kN±9.3kN。

手工拧紧：两螺栓交替逐渐增加扭矩。

自动拧紧：两螺栓同步拧紧。

第一步：30N·m±5N·m。

第二步：70N·m±5N·m。

第三步：旋转 60°±5°。

注意，若两螺栓不能同时满足扭矩要求，应重复整个拧紧过程。

b. 斜切口连杆夹紧力：71kN±9.3kN。

手工拧紧：两螺栓交替逐渐增加扭矩。

自动拧紧：两螺栓同步拧紧。

第一步：30N·m±5N·m。

第二步：70N·m±5N·m。

第三步：旋转 60°±5°。

注意：若两螺栓不能同时满足扭矩要求，应重复整个拧紧过程。

如果装配结束后发现连杆有开裂现象，必须更换连杆和连杆盖。

⑥ 检查连杆侧面轴向间隙。

允许范围：0.10～0.30mm。

（4）曲轴

① 松开并移开主轴承盖。

② 将主轴瓦装入缸体，保证轴瓦定位舌装在轴承座定位槽内，安装止推轴瓦。

③ 润滑主轴瓦。

④ 在曲轴上装齿轮定位销，凸出量为 1.25mm±0.25mm。

⑤ 压装曲轴齿轮。

将齿轮用感应加热器加热 30s，温度达到 120℃以上，取出齿轮。对准齿轮的键槽和曲轴上的定位销，将齿轮压到曲轴上，确保齿轮贴在轴肩上。

齿轮的压装力：1.0～3.0kN。

⑥ 根据需要安装转速指示环和定位销，拧紧螺栓（如果螺栓未预涂密封胶，则安装时涂以密封胶）。

标准扭矩：10N·m±2N·m。

⑦ 将曲轴放入缸体。

⑧ 润滑主轴承螺栓。

⑨ 将主轴瓦装入主轴承盖中，保证轴瓦定位舌装在轴承盖定位槽内。

⑩ 安装带螺栓的主轴承盖。保证轴承盖上数字与缸体主轴承座相对应。轴承盖上有数字的一面应朝向机油冷却器侧。

⑪ 拧紧主轴承盖螺栓。

a. M14 主轴承盖螺栓。

夹紧力：93.3kN±14kN。

手工拧紧：两螺栓交替逐渐增加扭矩。

第一步：50N·m±7N·m。

第二步：70N·m±5N·m。

第三步：旋转 60°±5°。

自动拧紧：用多轴拧紧机拧紧。

第一步：50N·m±7N·m。

第二步：70N·m±5N·m。

第三步：旋转 60°±5°。

注意：如果两螺栓未同时拧紧到正确的扭矩值，则需要重复整个拧紧过程。

b. M16 主轴承盖螺栓。

夹紧力：133.4kN±11.6kN。

手工拧紧：两螺栓交替逐渐增加扭矩。

第一步：90N·m±5N·m。

第二步：100N·m±5N·m。

第三步：旋转 120°±5°。

⑫ 检查曲轴窜动量。

允许范围：0.235mm±0.150mm。

⑬ 检查曲轴转动力矩。

允许范围：25～68N·m。

（5）缸套

① 在缸套上安装矩形密封圈。

② 安装缸套前润滑缸体上的底孔。

③ 将缸套压入缸体内并检查缸套凸出量（压装工序完成后再进行检查）。

凸出量：0.026～0.122mm。

边对边：0.050mm。

（6）飞轮、柔性板、飞轮壳及变速箱连接板

① 在飞轮壳/变速箱连接板上安装并润滑 O 形密封圈及堵塞，安装盖板，拧紧螺栓。对于湿式应用飞轮壳，应安装盖板密封垫，转速传感器孔螺塞应安装 O 形密封圈。

标准扭矩：24N·m±4N·m。

② 在变速箱连接板上安装定位销。

③ 将飞轮壳/变速箱连接板装到缸体上，并用矩形密封圈密封，如果是湿式应用，应在飞轮壳安装面螺栓孔周围涂以密封胶。如果是手工拧紧，螺栓应交叉拧紧。

标准扭矩：77N·m±12N·m。

④ 检查飞轮壳内圆径向跳动及端面跳动。

⑤ 安装飞轮或柔性板，拧紧螺栓。如果是手工拧紧，螺栓应交叉拧紧。

标准扭矩：137N·m±7N·m。

（7）齿轮室盖及齿轮室

① 安装齿轮室垫并将齿轮室装到缸体上，拧紧螺栓。

标准扭矩：40N·m±2N·m。

② 在油底壳面侧修铲齿轮室垫。

凸出量极限：0.25mm。

③ 将涂好密封胶的齿轮室盖装到发动机上，拧紧螺栓。

标准扭矩：24N·m±4N·m。

④ 分装前油封总成并将前油封总成装配到齿轮室盖上，拧紧螺栓。

标准扭矩：10N·m±2N·m。

（8）活塞

① 将活塞环装入活塞中，并调整活塞环开口位置，开口不能重叠，错开120°。

注意，顶环和中间环安装时，有点或 TOP 标记的一侧应朝向活塞顶部。

② 润滑活塞头部的活塞销孔。

③ 对于整体式活塞，用活塞销装配活塞和连杆。安装卡环。如果活塞冷却喷嘴缺口位于整体式活塞裙部，则活塞裙部缺口应朝向排气侧。

对于铰接式活塞，润滑活塞头部的活塞销孔，用活塞销装配活塞顶部、活塞裙部和连杆。安装卡环。活塞顶部气门套凹口应朝向排气侧。

④ 润滑活塞环及顶环处活塞壁。活塞和连杆完全装入缸孔。

⑤ 检查活塞凸出量，最大为 0.66mm。

（9）挺杆

① 润滑挺杆孔及挺杆。

② 对于滑动挺杆，将挺杆装入挺杆孔中，挺杆必须能完全放入并能自由转动，且能在自重作用下下落；对于滚动挺杆，将挺杆装入挺杆孔中，挺杆必须能在自重作用下下落，且必须与导向销对齐，导向销正好位于杆身上的凹槽中。

③ 润滑挺杆（包括滚轮）。

（10）扭振减振器

将减振器安装在曲轴上并拧紧，如果为手工拧紧，按交叉顺序进行。

标准扭矩：200N·m±10N·m。

（11）缸盖

① 安装螺塞和接头。

② 润滑气门导管内孔或气门杆。

③ 安装气门。安装气门杆油封。安装气门弹簧及弹簧座。压紧弹簧并安装弹簧锁块后松开弹簧。进行气门密封性试验。

④ 将气缸垫放在缸体顶面上。

⑤ 将缸盖安装在缸体上。

⑥ 润滑缸盖螺栓并安装。

a. 气门无电控喷油器。

自动拧紧：拧紧至150N·m±10N·m；拧松360°；拧紧至148N·m±10N·m；旋转90°±5°。

手动拧紧：拧紧至 50N·m±7N·m；拧紧至 150N·m±10N·m；拧松 360°；拧紧至 148N·m±10N·m；复核 148N·m。

b. 气门带电控喷油器。

自动拧紧：拧紧至 150N·m±10N·m；拧松 360°；拧紧至 85N·m±10N·m；旋转 150°±5°。

手动拧紧：拧紧至 50N·m±7N·m；拧紧至 150N·m±10N·m；拧松 360°；拧紧至 100N·m±10N·m；复核 100N·m；旋转 120°±5°。

（12）摇臂

① 安装推杆、十字头及摇臂组件。润滑推杆球头及球窝。润滑摇臂、机油孔及气门杆头部。润滑摇臂轴（必须使用压力润滑）。

② 拧紧摇臂支座螺栓。

标准扭矩：65N·m±5N·m。

③ 调整气门间隙。

进气：0.30mm±0.05mm。

排气：0.56mm±0.05mm。

④ 拧紧摇臂调整螺栓上的锁紧螺母。

标准扭矩：24N·m±4N·m。

（13）燃油泵

① 将燃油泵螺栓装到齿轮室上。在齿轮室的齿轮侧螺栓的凸出量不能超过最大值。

② 在燃油泵的槽内装上 O 形密封圈，保证 O 形密封圈没有扭曲（表面颜色一致），润滑 O 形密封圈。

③ 在齿轮室的燃油泵回油孔中安装 O 形密封圈，润滑 O 形密封圈。

④ 将燃油泵安装到齿轮室上。为更好定位，定位销必须和齿轮室上的孔对齐。安装并均匀拧紧燃油泵安装螺母。

⑤ 擦净多余的机油和润滑脂。用合适的清洁方法清洁燃油泵轴和燃油泵齿轮，将燃油泵齿轮装配到燃油泵轴上。保证燃油泵上的正时标记和凸轮轴上的正时标记对齐，燃油泵轴上的键和燃油泵齿轮上的键槽对齐。

⑥ 安装燃油泵齿轮锁紧垫片螺母，拧紧螺母。

标准扭矩：180N·m±13N·m。

⑦ 检查燃油泵齿轮的齿隙。

允许范围：0.2mm±0.05mm。

⑧ 将燃油泵下支架安装到燃油泵和缸体上，手动拧紧螺栓，先拧紧缸体与支架之间的安装螺栓（43N·m±6N·m），再拧紧燃油泵与支架之间的安装螺栓（24N·m±4N·m）。

⑨ 在燃油泵和缸盖上安装燃油泵上支架，拧紧螺栓。

标准扭矩：65N·m±6N·m。

（14）输油泵（电子）、ECM 冷却板、低压燃油管

① 在缸体上安装输油泵整体支架，拧紧螺栓。

标准扭矩：43N·m±6N·m。

② 在 ECM 冷却板后端安装输油泵，使用橡胶衬垫，拧紧螺栓。

标准扭矩：10N·m±1.5N·m。

③ 在输油泵和 ECM 冷却板上安装低压燃油管。

④ 在 ECM 冷却板的油路下游安装燃油检查阀。

⑤ 拧紧螺栓和附件。

标准扭矩：24N·m±4N·m。

⑥ 将 ECM 冷却板安装到缸体上，拧紧螺栓。

标准扭矩：24N·m±4N·m。

（15）燃油滤清器

① 在缸盖或缸体上适当位置安装燃油滤清器支架，拧紧螺栓。

标准扭矩：43N·m±6N·m。

② 在支架上安装燃油滤清器总成。

标准扭矩：24N·m±4N·m。

（16）喷油器和高压燃油管

① 非电控喷油器

a. 保证 O 形密封圈在喷油器上，润滑 O 形密封圈。

b. 将喷油器装在缸盖上，零件号朝向发动机前端，向下推与 O 形密封圈贴合。

c. 在连接管上安装 O 形密封圈，润滑 O 形密封圈。

d. 在缸盖上安装连接管，并推至与 O 形密封圈贴合。

e. 在喷油器固定夹上安装朝向缸盖进气侧的螺栓并拧紧。

标准扭矩：10N·m±2N·m。

f. 安装喷油器夹子，有槽的一端向下。安装高压燃油管后拧紧螺栓。

标准扭矩：10N·m±2N·m。

② 电控喷油器

a. 保证 O 形密封圈在喷油器上，润滑 O 形密封圈。

b. 将喷油器安装至缸盖内。高压连接器（HPC）配合表面与缸盖内喷油器孔对齐。推下喷油器，与 O 形密封圈贴合，使之完全落座。

c. 在 HPC 上安装 O 形密封圈，并润滑 O 形密封圈。

d. 在缸盖内安装 HPC 并推至与 O 形密封圈贴合。

e. 安装 HPC 螺母并预拧紧。

标准扭矩：15N·m±5N·m。

f. 安装喷油器夹子。均匀拧紧螺栓使夹子的上端与缸盖上端平齐。

标准扭矩：10N·m±2N·m。

g. 终紧 HPC 螺母。

标准扭矩：41N·m±4N·m。

（17）机油冷却器、机油滤清器和机油滤清器座总成

① 按顺序在机油滤清器座上安装调压阀柱塞、弹簧、带 O 形密封圈的螺塞，拧紧。

标准扭矩：80N·m±12N·m。

② 在机油滤清器座上安装螺塞并拧紧。

标准扭矩：10N·m±2N·m。

③ 安装机油冷却器至缸体并在中间放入机油冷却器密封垫。

④ 在机油冷却器上安装机油滤清器座总成，并在中间放入滤清器座密封垫，按顺序拧紧螺栓。

标准扭矩：24N·m±4N·m。

⑤ 润滑机油滤清器密封圈并安装机油滤清器，拧紧机油滤清器。

标准扭矩：13N·m±2N·m。

⑥ 在机油冷却器座下侧缸体上安装放水阀。

标准扭矩：5N·m±2N·m。

（18）机油泵

① 向机油泵转子腔及惰轮轴孔注入润滑油，转动转子两次。

② 将机油泵装入缸体中，紧固螺栓。

预拧紧：5N·m±2N·m。

最终扭矩：24N·m±4N·m。

③ 检查机油泵齿轮与惰轮的齿隙。

允许范围：0.8mm±0.05mm。

④ 确保机油泵齿轮存在轴向间隙。

允许范围：0.205mm±0.125mm。

（19）水泵

在水泵槽内安装矩形密封圈，将水泵安装到缸体上，并拧紧螺栓。

标准扭矩：24N·m±4N·m。

（20）皮带张紧轮

将皮带张紧轮安装到齿轮室上，并拧紧螺栓。

标准扭矩：43N·m±6N·m。

17.4
康明斯发动机的故障诊断基础

17.4.1 故障诊断技巧

① 彻底分析顾客的抱怨是故障判断成功的关键。从抱怨中得到的信息越多，问题就解决得越快，越容易。

② 彻底地分析故障。

③ 把故障症状与基本发动机系统和部件联系起来考虑。

④ 考虑所有最近进行的可能与故障有关的保养与维修。

⑤ 利用故障树来分析和判断故障原因。

⑥ 在开始维修之前再次进行检查和测量。

⑦ 确定故障原因，并进行彻底维修。

⑧ 在维修之后，运转发动机，确保故障得到解决。

⑨ 记录修理过程，为以后修理积累经验。

⑩ 修理发动机要遵循先简单后复杂的原则，尤其是电控发动机。有些报警就是接头松了，有些报警就是需要维护保养等。

⑪ 修理电控发动机和修理机械式发动机的根本区别，就是在修理电控发动机时一定要首先和发动机建立通信，只有建立了通信才能了解到发动机的运转状态，以便更准确地判断故障。

⑫ 通信接口一般都会在驾驶室里。

⑬ 修理电控发动机时必须有正确的电路图、装有维修软件的电脑以及万用表等工具，参照图纸修理发动机。

17.4.2 技术要求与检测方法

检测发动机线路一定要参照厂家的技术要求，按照技术要求检测即可判断所检测零件或线路的好坏。在测量时必须使用专用工具，避免造成不必要的损坏。在测量端子和接头时，注意不要数错，按照图纸规定来数所测端子和接头。有些故障报警需按照图纸和技术规范查找 ECM 引出端子，可能是 ECM 故障造成的。

（1）电气系统

① J1939 主干线电阻

至回路导线的正极导线：50～70Ω。

J1939 变速箱：110～130Ω。

② 导通性检查

正常（没有开路）：<10Ω。

③ 全部对地短路

正常（没有短路）：>100kΩ。

④ 外部电源短路

正常：<1.5VDC。

（2）传感器与电磁阀

① 进气歧管空气温度传感器

扭矩：23N·m。

② 发动机冷却液温度传感器

扭矩：23N·m。

③ 发动机机油压力传感器

扭矩：23N·m。

④ 传感器电源电压

ECM：4.75～5.25VDC。

⑤ 电磁阀

燃油泵执行器：2.0～4.5Ω。

（3）燃油系统

电控发动机的三路回油，通过回油量可以判断燃油系统的故障状态：喷油器回油，当此路回油量异常时，可能是喷油器和连接管接合面泄漏过大；高压油轨回油，当油轨压力超过泄压阀设定值时将会打开，形成回油，通常故障状态造成此路回油，当此路回油量异常时，可能是泄压阀损坏；油泵回油，当出现油轨压力无法建立、发动机无法启动、热机无法启动、功率不足等故障时，都可以通过检测油泵回油量来判断故障点，了解油泵的原理将有利于判断油泵是否工作正常。

① 判断系统中是否进入空气　断开齿轮泵燃油进口处的快速插拔接头，将燃油系统专用测试工具（有透明管）接入，运转发动机，保持低怠速运行，通过透明管观察燃油中的气泡。如果运转几分钟后，仍然能够观察到燃油中有连续的气泡，则进油管路中有空气泄漏点。

② 齿轮泵进口阻力和出口压力　断开齿轮泵燃油进口处的快速插拔接头，将燃油系统专用测试工具（有透明管）接入，连接压力模块和万用表，运转发动机，发动机以高怠速运行，观察压力读数。高怠速时允许的最大燃油进口阻力为 50.8kPa。断开齿轮泵出口处的快速插拔接头，接入燃油系统专用测试工具（有透明管），并连接压力模块和万用表，发动机怠速运转，检测齿轮泵出口压力。技术规范：最小值 503kPa；最大值 1303kPa。

若齿轮泵输出压力低于规范值，应检查燃油进口阻力及燃油中的空气，若以上两项正常，则更换齿轮泵。

如果发动机无法启动，上述步骤仍然有效，拖动发动机，检测齿轮泵出口压力。技术规范：最小值 303kPa；最大值 1103kPa。

③ 燃油滤清器进、出口压力　断开燃油滤清器座燃油进口处的快速插拔接头，接入燃油系统专用测试工具（有透明管），并在测试接头上接压力模块和万用表。发动机怠速运转，检测滤清器进口燃油压力。技术规范：最小值 503kPa；最大值 1303kPa。断开燃油滤清器座燃油出口处的快速插拔接头，接入燃油系统专用测试工具（有透明管），并在测试接头上接压力模块和万用表。发动机怠速运转，检测滤清器出口燃油压力。技术规范：最小值 503kPa；最大值 1303kPa。如果发动机无法启动，上述步骤仍然有效，拖动发动机，检测齿轮泵出口压力。技术规范：最小值 303kPa；最大值 1103kPa。

发动机怠速运转时，检测柴油滤清器进、出口的燃油压力差，技术规范为最大压差 81kPa。发动机额定负荷工况下，检测柴油滤清器进、出口的燃油压力差，技术规范为最大压差 200kPa。

如果未能满足上述技术规范，应立即更换燃油滤清器。

④ 高压燃油泵输出压力与流量

a. 高压燃油泵输出压力。不要在高压共轨燃油系统的高压油路部分安装任何机械式的压力表进行压力测量。可以使用康明斯电控发动机服务软件 INSITE 来监测高压共轨内的燃油压力，正常工作燃油压力范围为 25～160MPa。

b. 高压燃油泵出口燃油量。发动机无法启动时，拆下高压燃油泵至共轨的燃油管，在高压燃油泵的高压燃油出油接头上安装一个导向燃油管，将流出的燃油导向一个 500mL 的量杯。断开高压燃油泵的 EFC（电子燃油控制阀）电气接头，拖动发动机，测量高压燃油泵的出口燃油量。注意，拖动不要超过 30s，以免启动电机过热，可采用拖动 10s、间隔 30s 的累积计量法以降低启动电机过热的危险性。

技术规范：70mL/30s（发动机转速 150r/min）。

如果高压燃油泵不满足该技术规范，且检查燃油中的空气量、进油阻力以及燃油滤清器都正常，则更换 EFC，然后重新进行上述测试，若仍不能满足该技术规范，则更换高压燃油泵。

c. 高压燃油泵回油量。断开高压燃油泵回油出口的快速插拔接头，使用专用工具堵住断开的回油总管，并在高压燃油泵回油出口处安装专用工具，将高压燃油泵的回油导向一个 500mL 的量杯。启动发动机，保持发动机怠速运行（750r/min），记录 30s 内的回油量。

技术规范：最大回油量 500mL/30s。

如果高压燃油泵不符合上述技术规范，且检查燃油中的空气量和进油阻力均正常，则更换高压燃油泵。

⑤ 燃油油轨减压阀泄漏量　如果燃油油轨减压阀回油接头是 12mm 的空心螺栓，则使用专用工具 4918295，拆下回油管路空心螺栓，用专用油管将燃油导向一个 500mL 的量杯，同时用堵帽堵住回油总管的一侧。

如果燃油油轨减压阀回油接头是快速插拔接头，则使用专用工具 4918354，断开减压阀回油接头，用带阴性接头的油管将燃油导向一个 500mL 的量杯，同时用快速插拔接头堵头堵住回油总管的一侧。

怠速时不允许有任何的泄漏量。使用 INSITE 燃油系统泄漏测试功能时，泄漏量不允许超过 1 滴/s 或 16mL/min。

⑥ 喷油器回油量　拆下缸盖上喷油器回油总管的空心螺栓，并将专用油管安装在缸盖上，将喷油器回油导向一个 500mL 的量杯，同时用堵帽堵住回油总管的一侧。

运转发动机，运行 INSITE 燃油系统泄漏测试功能，使燃油油轨压力上升至 150MPa 左右，为了更精确地测量，至少运转 1min，以使喷油器达到工作温度，然后测量 1min 内的喷油器回油量。

技术规范：

六缸发动机最大回油量 300mL/min；

四缸发动机最大回油量 200mL/min。

发动机怠速（无 INSITE 燃油系统泄漏测试功能）时技术规范：

六缸发动机最大回油量 180mL/min；

四缸发动机最大回油量 120mL/min。

为了得到更精确的数值，可测量三次取其平均值。

在标准怠速下可能检测不到泄漏量。

发动机无法启动时，该步骤仍然有效，拖动发动机 30s，技术规范为最大回油量 45mL/30s。

17.5
康明斯发动机的故障诊断与排除

17.5.1　冷却液温度低于正常值

① 散热器的百叶窗不能完全打开，或者百叶窗的开度设置不正确，检查百叶窗。

正常，检查温度表。

异常，更换百叶窗。

② 检查温度表。

异常，更换温度表。

17.5.2　冷却液温度高于正常值

① 检查冷却液液位，检查有无外部泄漏。

正常，散热器散热片损坏或被碎屑堵塞。

异常，维修泄漏位置。

② 检查散热器散热片。

正常，冷却系统软管堵塞或渗漏。

异常，清洁并维修散热片。

③ 检查冷却系统软管。

正常，驱动皮带松动、过紧或未对正。

异常，更换软管。

④ 检查驱动皮带。

正常，检查机油液位。

异常，根据需要检查并调整驱动皮带。

⑤ 检查机油液位。

正常，检查护罩和导流板。

异常，加注或排放机油。

⑥ 检查护罩和导流板是否损坏或丢失。

正常，检查散热器压力盖。

异常，维修护罩和导流板。

⑦ 检查散热器压力盖型号、规格是否正确，是否存在故障。

正常，检查温度表。

异常，更换散热器压力盖。

⑧ 检查温度表。

正常，检查散热器百叶窗。

异常，更换温度表。

⑨ 检查散热器百叶窗是否能够完全打开，开度设置是否正确。

异常，维修或更换百叶窗。

17.5.3　发动机启动困难或不能启动（排气冒烟）

① 检查发动机拖动转速，如果拖动转速小于 150r/min，则会造成发动机启动困难。

正常，检查发动机传动装置。

异常，根据维修手册进行检查。

② 检查发动机传动装置中齿轮啮合情况。

正常，检查启动辅助装置。

异常，对发动机传动装置进行维修。

③ 检查启动辅助装置工作是否正常。

正常，检查燃油滤清器。

异常，对启动辅助装置进行维修。

④ 检查燃油滤清器是否堵塞，测量燃油滤清器前后的燃油压力。

正常，检查燃油系统中是否有空气。

异常，更换燃油滤清器。

⑤ 检查燃油系统中是否有空气。

正常，检查燃油吸油管是否堵塞。

异常，排除燃油系统中的空气，并修复泄漏源。

⑥ 检查燃油吸油管是否堵塞。

正常，检查进气和排气系统。

异常，排除堵塞。

⑦ 检查进气和排气系统阻力，检查进气滤清器。

正常，检查燃油是否被污染。

异常，对进气和排气系统进行维修。

⑧ 使用临时油箱中的清洁燃油运转发动机，发动机能正常启动，说明燃油被污染。

异常，更换油箱中的燃油。

17.5.4　发动机启动困难或不能启动（排气不冒烟）

① 检查油箱中燃油油位是否过低。

正常，检查燃油切断电磁阀和电路。

异常，加注燃油至标准液位。

② 检查燃油切断电磁阀和电路是否正常。

正常，检查燃油泵和喷油器之间的供油管路。

异常，更换燃油切断电磁阀或维修电控燃油系统电路。

③ 检查燃油泵和喷油器之间的供油管路是否阻塞。

正常，检查燃油系统是否有空气。

异常，维修或更换燃油泵和喷油器之间的供油管路。

④ 检查燃油系统是否有空气。

排出燃油系统中的空气，并检查是否存在吸油泄漏。

正常，检查燃油滤清器。

异常，排除空气，维修或更换燃油系统泄漏的零件。

⑤ 测量燃油滤清器前后的燃油压力，检查燃油滤清器是否堵塞。

正常，检查燃油泵。

异常，更换燃油滤清器。

⑥ 检查燃油泵内有无燃油。

正常，检查进气和排气系统。

异常，低压泵有故障，必要时可更换。

⑦ 检查进气和排气系统阻力，检查进气滤清器。

异常，对进气和排气系统进行维修。

17.5.5　发动机启动时曲轴不能转动的机械故障

发动机启动时，在启动系统完好的情况下，若变速器置于空挡位置，按下点火开关，起动机有响声而曲轴不能转动，则属于机械故障。

（1）故障原因

① 起动机齿轮与飞轮齿圈啮合不良。起动机齿轮与飞轮齿圈在启动发动机时会发生撞击，造成轮齿损坏或轮齿单面磨损。若连续三个以上轮齿损坏或严重磨损，起动机齿轮与飞轮齿圈轮齿便难以啮合。

② 活塞粘缸。发动机温度过高时停车熄火，热量难以散出，高温下的活塞环与气缸粘连，冷却后无法启动。

③ 曲轴抱死。由于润滑系统故障或缺机油造成滑动轴承干摩擦，以致曲轴抱死而无法启动。

④ 离合器卡滞。

⑤ 燃油泵柱塞卡滞。

⑥ 发动机内部存在异物。

（2）诊断与维修

① 若飞轮齿圈有连续三个以上轮齿损坏，且与起动机齿轮轮齿正好相对，就会导致两者轮齿不能啮合。在这种状态下，只需用撬棒将飞轮撬转一个角度，再按下点火开关便可顺利启动。对于损坏的飞轮齿圈轮齿，一般可采用焊接方法修复。

② 齿圈松动时可从飞轮壳起动机安装口处确认。若齿圈松动，则必须更换新件。在安装时，应先将齿圈放在加热箱中加热，而后趁热压在飞轮上，冷却后即可紧固于飞轮上。

③ 齿圈轮齿单边磨损严重时，可将齿圈压下，前后端面翻转后，再装在飞轮上使用。

④ 经检查轮齿啮合正常，启动时飞轮不转动，则应视为发动机内部故障，如曲轴抱死、活塞粘缸、离合器卡滞等，对此应进一步观察。可先检查离合器有无卡滞，再检查燃油泵柱塞是否卡滞和发动机内部有无异物等。

17.5.6　发动机启动困难或不能启动，排气管大量排白烟（含有水蒸气）

（1）故障原因

① 柴油中有水，水在气缸内蒸发，水蒸气从排气管排出。

② 气缸盖螺栓松动或气缸垫冲坏，使冷却水进入气缸。

③ 气缸体或气缸盖的某处有砂眼或裂纹，水进入气缸蒸发排出。

（2）诊断与维修

① 用手接近排气管消声器出口处，手上潮湿留有水珠，则确认有水进入气缸。

② 检查柴油中是否有水。查看油水分离器中是否有大量水，若有大量水，则是燃油质量差。首先应清除高、低压油路中的水分；再将油箱的放污螺塞打开放出油箱中的水，最后用清洁柴油冲洗油箱。

③ 打开水箱盖，按下点火开关的同时观察加水口的水面是否冒气泡。若加水口的水面有气泡冒出，则说明冷却水进入气缸内。

④ 在拆卸缸盖前，应先检查每一个螺栓的松紧度，如有松动的螺栓，拧紧后再查看是否漏水。若仍漏水，再进行下一步检查。

⑤ 进一步查找具体漏水部位，可向水箱充气，压力不大于 200kPa，打开油底壳，在发动机底部查看漏水处；再打开缸盖查看缸盖底部和气缸垫，检查故障部位。对于有向缸内漏水的部件，采取换件维修或更换新总成的方法。

17.5.7　发动机启动困难或不能启动，排气管大量冒灰白烟（含有燃油蒸气）

（1）故障原因

① 发动机温度过低，柴油不易蒸发燃烧。

② 喷油器雾化不良。

③ 供油时间过晚。

④ 供油量过少，混合气过稀。

⑤ 气缸漏气量过多，压缩终了不能达到着火温度。

（2）诊断与维修

① 寒冷季节若发动机温度过低，应检查低温启动预热装置是否失效，即预热器控制电路是否有断路、短路或预热器失效现象。

② 若低温预热装置正常，再检查喷油正时是否正确。转动发动机并插入发动机凸轮轴正时销，即位于 1 缸压缩上止点时，检查燃油泵凸轮轴锁止销能否插入。若不能插入，说明喷油正时有误，需进行调整。

③ 检查各缸喷油器的喷雾质量是否符合要求。

④ 检查供油量是否过少。冷启动时，由于缸中温度低，燃油黏度大，蒸发条件差，要求启动供油量比额定供油量大。

⑤ 检查气缸压力，压力相差甚远时应予以维修。

17.5.8　发动机热启动困难

发动机冷启动良好，但运行一段时间温度升高后熄火，再启动较为困难。

（1）故障原因

主要是燃油泵柱塞副和喷油器针阀副严重磨损所致。当热车启动时，由于燃油泵及燃油滤清器的温度较高，燃油黏度下降，加之启动转速较低，大部分燃油从磨损的缝隙处泄漏，造成启动油量不足而无法启动。

（2）诊断与维修

① 应急排除的方法是将汽车挂上挡，由其他汽车拖拉启动。利用车速带动发动机高速运转，使柴油来不及泄漏，以保证启动供油量（此法不提倡，因为康明斯增压发动机的缸内压力比较大，拖拉启动时对各连接件的冲击力大，影响车辆使用寿命）。

② 当柱塞副或针阀副严重磨损时，经燃油泵试验台检验确认后，应更换新品。

17.5.9 发动机低速正常且有短时高速，行车无力

发动机怠速良好，给油转速可迅速升高，但连续给油转速却不易升高，行车无力，或使用中速以上挡位无法行驶，这是低压供油不足所致。

（1）故障原因

① 燃油滤清器/油水分离器堵塞。

② 低压油路不通畅。

③ 输油泵供油不足或进油滤网堵塞。

④ 油箱盖通气阀失效。

以上情况均可造成燃油泵低压油腔燃油压力不足，仅能维持小负荷所需的供油量。对于大、中负荷需用较多供油量时，便不能满足要求，致使行车无力。

（2）诊断与维修

① 检查油箱盖通气阀是否失效，若失效，将使油箱内形成一定的真空度，燃油不能被吸出。这种现象大多是油箱盖丢失后，用不透气的塑料包封所致。

② 查看低压油管有无凹瘪、进油管接头滤网处有无堵塞。

③ 若长时间未更换燃油滤清器/油水分离器，应及时更换。

④ 检查输油泵是否工作正常，若输油泵供油不足，应及时维修或更换。

17.5.10 发动机无怠速

一般表现为油门置于怠速位置就熄火，当油门稍加大时，转速又很快升高，发动机不能在低速下稳定运转。

（1）故障原因

① 调速器怠速弹簧过软或折断。

② 调速器传感元件磨损过大。

③ 燃油泵柱塞磨损严重。

④ 温度过低。

⑤ 气缸压力过低。

（2）诊断与维修

冷启动时无怠速，一般属正常现象。这是由于温度过低，机油黏度过大，使发动机内阻力增加，燃油的喷雾、蒸发条件变差，造成发动机不能维持最低稳定转速运转，当加速踏板抬起时，便很快熄火。在这种情况下，适当控制加速踏板抬起高度即可。

若发动机启动一段时间后，无怠速工况，且伴随动力不足，燃料消耗不正常，一般是由于柱塞磨损过甚，怠速时漏油量增加，使供油量无法满足怠速工况要求；或气缸压力过低，喷油提前角过大、过小，使发动机燃烧条件变差造成的。针对不同情况进行相应处理，怠速工况就会自然恢复。

若上述情况正常，则应检查调速器的怠速工作元件有无异常。检查调速器弹簧有无折断

或弹簧过软，调速元件是否磨损过多，使飞锤在怠速运转时的离心力远远大于弹簧张力而减油，或维修人员调整不当。必须拆下燃油泵总成在试验台上重新进行维修调整。调整调速器时，首先应通过怠速螺钉调整，若调整无效，再进行怠速弹簧预紧力的调整。可将怠速弹簧调整螺帽向里稍拧或在弹簧座上加垫片，使预紧力增大，提高怠速。若弹簧折断，则应更换后再调整，使之恢复怠速性能。

17.5.11　怠速过高

表现为加速踏板抬起时，发动机转速仍高于怠速规定值。

（1）故障原因

① 油门拉线限位螺钉调整不当。

② 加速踏板回位弹簧过软。

③ 怠速限位块或调整螺钉失调。

④ 怠速弹簧过硬或预紧力调整过大。

（2）诊断与维修

首先应查看油门是否回到最小位置，若没有到位，调整油门拉线限位螺钉，若油门仍不能回位，再检查加速踏板回位弹簧是否过软。如果是检修调试后不久的燃油泵，应考虑怠速调整是否正确，怠速弹簧预紧力调整是否过大，若已更换弹簧，应检查弹簧是否过硬。

17.5.12　怠速不稳

表现为怠速运转时忽快忽慢，或有振动，使汽车在急减速或换挡时熄火。

（1）故障原因

① 油路中有空气。

② 低压油路供油不畅。

③ 调速器各连接杆件的销轴、叉头磨损过多。

④ 喷油器雾化不良。

⑤ 燃油泵供油不均。

⑥ 怠速稳定装置调整不当。

（2）诊断与维修

应根据发动机使用时间的长短和对发动机的保养程度来分析判断。

① 若汽车长时间停驶或油箱内的燃油未及时补充，少量空气渗入油路，应进行排气处理。

② 检查低压油路的供油是否畅通，检查加注的燃油是否符合要求，对发动机的保养是否及时，酌情予以清理、修复或更换。

③ 查看调速器的磨损情况，酌情予以焊修处理或换件。对旋转件焊修时，应注意确保平衡。

④ 怠速不稳且伴有振动，是由于喷油器雾化不良或燃油泵供油不均引起的，可用逐缸断油法检查。应先查喷油器，再查燃油泵。

⑤ 如果是怠速稳定装置调整不当，应重新上试验台检修。

17.5.13　发动机运转中突然熄火

发动机在运转过程中，在加速踏板未抬起的情况下，非驾驶员操作因素而急速熄火，熄火后不能再启动。该现象一般为机械故障所致。

（1）故障原因

① 燃油泵传动齿轮故障。

② 燃油泵凸轮轴断。

③ 发动机内部运动件卡死。

④ 燃油泵操纵拉杆及连接销脱落。

（2）诊断与维修

发动机运转中突然熄火主要是由燃油泵断油故障引起的，其次才是发动机内部卡死所致。当遇到此现象时，首先检查燃油泵是否正常供油。

① 用起动机带动发动机，若能正常启动，观察燃油泵凸轮轴是否转动，若转动正常，说明燃油泵有故障。应检查操纵机构的工作是否正常。可扳动油门杆件查看操纵臂、操纵轴的连接是否良好。

② 若燃油泵凸轮轴不转动，则是凸轮轴齿轮紧固螺栓松脱、凸轮轴折断或齿轮室中的齿轮故障。

③ 若起动机不能带动发动机运转，则说明是发动机内部故障，如活塞与气缸之间卡死，曲轴与轴承咬死，燃油泵柱塞卡死及配气机构的机械故障等。先打开气门室盖检查。如果运行中从仪表上反映机油压力过低或温度过高，则需直接针对具体情况进行检修。

17.5.14 发动机运转中缓慢熄火

发动机在加速踏板不松开的情况下缓慢熄火，一般是由供油不及时或供油中断引起的。其表现为发动机运转中渐渐无力，最后自动熄火。

（1）故障原因

① 油箱内燃油用尽。

② 油箱盖通气阀堵塞。

③ 燃油滤清器/油水分离器堵塞。

④ 供油管路断裂或渗入较多空气。

⑤ 输油泵不工作。

⑥ 油箱中有水。

（2）诊断与维修

① 首先检查油箱是否有油、油箱盖通气阀是否畅通。

② 拧松燃油泵放气螺钉，用手油泵泵油，观察放气螺钉处的流油情况。若无油液流出即是油路堵塞，应逐段检查、排除。若燃油以柱状喷出，则说明油路畅通。若放气螺钉处有气泡冒出，则是管路中进入空气，应查明油管各接头是否拧紧、管路有无裂纹或磨穿，并排除所发现的问题。

③ 若油流中无气泡，可将手油泵回位固定，使用起动机带动发动机运转泵油，若仍无油液流出，说明输油泵有故障。